날마다 섬 밥상

날마다 섬 밥상

2023년 9월 15일 1판 1쇄 인쇄
2023년 9월 25일 1판 1쇄 발행

지은이 강제윤
펴낸이 한기호
책임편집 정안나
편집 도은숙 유태선 김현구
마케팅 윤수연
디자인·그림 블랙페퍼디자인
경영지원 국순근
펴낸곳 어른의시간
출판등록 2014년 12월 11일 제2014-000331호
주소 04029 서울시 마포구 동교로 12안길 14(서교동) 삼성빌딩 A동 2층
전화 02-336-5675 팩스 02-337-5347
이메일 kpm@kpm21.co.kr
홈페이지 www.kpm21.co.kr

ISBN 979-11-87438-24-3 (03900)

- 어른의시간은 한국출판마케팅연구소의 임프린트입니다.
- 잘못된 책은 구매처에서 교환해드립니다.
- 책값은 뒤표지에 있습니다.

날마다 섬 밥상

강제윤
지음

어른의시간

프롤로그

섬에서 '맛난' 밥상

삼복더위가 시작되면 도시 사람들도 민어회를 먹어야 복달임을 했다고 생각할 정도로 민어는 여름 보양 음식의 대명사가 됐다. 하지만 민어에 대한 지식이 짧으니 비싼 값에 맛없는 민어를 먹는다. 도시에서만 맛본 사람들은 민어회가 원래 무르고 심심하다고 생각한다. 물론 다른 생선에 비해 무르기는 하다. 그러나 신안의 우이도나 임자도, 영광의 낙월도에서 갓 잡아 온 민어회는 무르지도 않고 심심하지도 않다. 오래된 것들이 무르다. 그걸 숙성된 맛이라 우기는 이들도 있지만 잡힌 지 오래된 민어의 물러터진 맛일 뿐이다. 바로 잡은 민어는 숙성해도 찰지고 쫄깃하기까지 하다.

여름철이면 민어는 산란장인 신안 임자도 해역 송도 위판장(위탁 판매가 이루어지는 시장)으로 몰려든다. 민어는 잡자마자 위탁 판매되기도 하지만 잡히는 양이 많지 않을 때는 피를 뺀 뒤 어선 저장실에 모아두었다가 한꺼번에 위판장으로 가져간다. 그래서 신선한 선어라도 3~4일, 좀 더 시간이 지난 것은 일주일쯤 된 것들이 송도 위판장에서 1차 경매를 거친다. 이 선어들은 서울 노량진 수산시장에서 2차 경매를 거친 뒤 횟집으로 흩어진다. A급 민어라도 횟집 식탁에 오르기까지는 5~6일, B급이라면 7~8일 이상이 걸린다. 하물며 이 민어를 더 숙성시키는 횟집도 있다. 민어회가 심심하고 물러터진 맛일 수밖에 없는 이유다.

백령도는 섬이지만 대표 음식은 해산물이 아니다. 메밀냉면, 메밀짠지떡, 메밀칼국수 등 메밀 요리다. 우리가 자주 잊고 살지만 섬도 육지다. 그래서 섬은 해륙, 육지는 내륙이다. 옛날부터 백령도는 "먹고 남는 백령도"라 할 정도로 들판이 넓었다. 섬이지만 농사가 주업이었기에 생겨난 말이다. 냉면은 여름 음식이라 알려졌지만 황해도 문화권인 백령도 사람들은 겨울에 만들어 먹었다. 냉면은 손이 많이 가는 탓에 농한기인 겨울에라야 동네 사람들이 모여 함께 만들어 먹을 수 있는 공동체 음식이었다.

홍어의 고장인 흑산도 사람들은 삭힌 홍어보다 생홍어를 좋아한다. 그래서 흑산도 노인들은 "우린 삭힌 홍어 잘 안 먹어"라고 하신다. 홍어집 주인들도 손님에게는 삭힌 홍어를 내지만, 자신들은 생홍어를 주로 먹는다. 사실 삭힌 홍어는 흑산도가 아닌 나주와 목포 등 내륙의 음식 문화였다. 그런데 흑산도에 온 관광객들이 삭힌 홍어를 찾아 역수입된 것이다.

울릉도에는 비린 생선의 대명사인 꽁치물회가 있다. 내륙 사람들에게는 생선이 비리다는 편견이 있다. 그래서 "향 싼 종이에서 향내 나고 생선 싼 종이에서 비린내 난다"는 속담도 생겼을 것이다. 그러나 이는 싱싱한 생선을 맛볼 수 없었던 시절 내륙 사람들이 자반 같은 비린 생선만 맛보았던 까닭에 생긴 편견이다. 그러니 생선 중에서도 가장 비린 축에 속하는 꽁치물회는 쉽게 다가가기 어려운 음식이다. 하지만 꽁치물회의 탄생 역사를 알게 되면 간극이 좁아질 것이다.

울릉도에는 손꽁치가 있다. 손꽁치는 꽁치가 해조류에 산란하는 특성을 이용해 낚시나 그물이 아닌 손으로 잡은 것이다. 바다의 수초 사이에 손을 넣으면 꽁치들은 손가락을 콕콕 쑤시고 손가락 사이에 몸을 비벼대며 산란하려 든다. 이때 맨손으로 꽁치를 잡는다. 어부들은 천연 수초뿐만 아니라 바다 위에 잘피(일명 몰)나 가마니 같은 것을 깔아놓고 몰려오는 꽁치를 잡기도 했다. 그렇게 손으로 잡아 선도가 좋은 꽁치가 있기에 울릉도에서는 손꽁치물회가 탄생할 수 있었다.

의료 사각지대에 사는 섬사람들에게 음식은 곧 약이었다. 완도 횡간도에서는 허약한 체질에 코피를 자주 흘리는 사람들이 문어를 치료제로 썼다. 생문어와 팥을 넣고 푹 고아 먹으면 코피 나는 것이 바로 치료됐다. 지금도 코피가 자주 나는 아이들에게는 생문어와 팥을 함께 고아 먹인다. 섬사람들이 약용으로 가장 많이 쓰는 음식은 낙지다. 지쳐 쓰러진 소에게 낙지를 먹이니 벌떡 일어서더라는 이야기는 과장이 아니다. 소처럼 사람 또한 기진맥진하다가 낙지를 잡아 뜯어먹고 바로 일어났다는 이야기는 수 없이 많다.

그래서 섬사람들은 낙지를 '백병통치약'이라 부른다. 무더운 여름날 뙤약볕에서 일하다 일사병에 걸린 사람이나 기력이 쇠해 어지럼증을 앓던 섬사람이 찾던 약도 낙지죽이었다. 뻘낙지를 넣고 푹 끓인 죽을 먹으면 일사병도 어지럼증도 씻은 듯이 나았다. 신안의 압해도나 기점도에서는 낙지죽으로 어지럼증을 치료했고 고흥의 백일도 사람들은 낙지에 팥을 넣고 끓인 찹쌀죽으로 어지럼증과 빈혈을 치료했다. 신안 지도 사람들은 낙지죽을 먹고 귀앓이 병도 나았다. 그야말로 식약동원食藥凍原의 삶을 살아온 섬사람들이다. 그래서 섬에서 전승되는 음식은 모두 보약이다.

"우리 섬은 집에서 밥해 먹는 사람이 없어요." 여수의 꽃섬인 하화도 사람들은 집에서 밥을 해 먹지 않는다. 모든 주민은 삼시 세끼를 마을 식당에서 해결한다. 섬에 관광객이 몰려오고 부녀회에서 마을회관을 마을 식당으로 운영하면서 생긴 일이다. 부녀회원들은 관광객에게 음식을 판 수익으로 마을 주민 모두에게 밥상을 차려준다. 홀로 사는 노인이 많은 섬, 집에서 제대로 된 식사를 차려 먹는 노인은 드물었다. 그런데 마을 식당이 생기면서 돈도 벌고 다 함께 밥도 해 나눠 먹으니 온 마을이 더욱 밝고 건강해졌다. 부녀회원들은 "서로 돈 욕심 부리지 말자"고 한다. 함께 밥을 해 먹고 사이좋게 어울려 사는 것만으로도 큰 행복이란 사실을 누구보다 잘 아는 까닭이다. 마을 공동체 밥상, 그야말로 섬 주민들은 모두가 밥을 같이 먹는 한 '식구'다.

나는 섬에서 나고 자란 섬사람이다. 고향 섬을 떠난 뒤에도 섬을 돌아다니며 섬의 역사와 문화, 섬 음식을 기록해온 지 20여 년째다. 그러나 식당이 없는 작은 섬에서도 밥을 굶지 않았다. 섬들을 다니며 가장 많이 들었던 말은 "밥 먹고 가라"였다. 마을회관에서도 잔칫집에서도 부둣가에서 만난 할머니 집에서도 밥 먹고 가란 소리를 들었다. 요즘 내륙의 어느 집에서 지나던 길손을 불러 밥 먹고 가라고 하겠는가.

낯선 손님을 한 '식구'처럼 대하는 인심 덕에 섬에 전해 내려오는 귀한 토속 음식 문화를 기록할 수 있었다. 섬 음식 또한 섬사람들이 그려낸 소중한 삶의 무늬, '인문人文'이다. 그래서 이 책은 섬 음식 인문학 입문서이기도 하다. 내륙과 달리 바다로 인해 고립된 섬들은 토속 음식 문화가 잘 보존되어 있다. 그렇게 만난 섬 음식에서 우리 음식의 '오래된 미래'를 보았다.

여기 소개된 섬의 토속 음식이 우리 음식의 새로운 미래를 열어가는데 작은 보탬이라도 됐으면 좋겠다. 요리하는 이들에게 영감의 원천이 됐으면 좋겠다. 섬 여행을 꿈꾸는 이들에게 섬에 가야 할 또 하나의 이유가 됐으면 좋겠다.

2023년 가을

강제윤

| 차례 |

| 2부 |

섬 음식

| 1부 |

섬 밥 상

왜 섬의 대표 음식이 국수일까?

서울보다 평양이 가까운 섬, 서해 최북단 백령도의 대표 음식은 해산물이 아니라 메밀이다! 육지 사람들은 섬사람이 다 어업에 종사하는 줄 알지만, 농사가 주업인 섬이 더 많다. 옛날, 섬으로 이주해간 사람들은 육지에서 자기 땅 한 평 마련할 길이 없어 오로지 자기 땅을 얻기 위해 섬으로 들어갔다. 그래서 섬사람들의 땅에 대한 애착은 남다르다.

백령도는 오랫동안 황해도 장연군에 속했지만, 지금은 인천시 옹진군의 부속 섬이다. 황해도 문화권이었으니 냉면 또한 평양냉면처럼 황해도식 메밀냉면이다. 인천에서는 229킬로미터 떨어진 먼 거리지만 북한 장산곶과는 13.5킬로미터에 불과할 정도로 지척이다. 백령도는 북한 황해도의 여러 지역보다 위쪽에 있다. 백령도에 가기 위해 여객선은 북한 옹진군의

서해 최북단 백령도의
대표 음식은 해산물이 아니라
국수다!

▲ 메밀물냉면

메밀비빔냉면 ▶

순위도, 어화도, 창린도, 비암도, 기린도, 마암도, 장연군의 월내도, 육도 등을 뒤로하고 북진해야 한다.

백령도는 거주 인구의 절반이 군인이다. 군사적 긴장이 흐르는 섬이지만, 백령도에는 최고의 해상 절경이 즐비하다. 대표적인 곳은 두무진이다. 백령도의 최서북단인 두무진 건너에서는 장산곶이 손에 잡힐 듯 가깝다. 두무진 앞바다에는 금강산 만물상처럼 형제바위, 코끼리바위, 촛대바위, 신선바위 등의 기암괴석이 줄지어 서 있다. 그래서 '서해의 해금강'이라 한다. 광해군 때 유배됐던 이대기는 두무진의 풍경에 매료되어 "늙은 신의 마지막 작품"이라고 찬탄했다. 하지만 이토록 아름다운 두무진은 오랫동안 왜구와 해적의 근거지이기도 했다. 1802년 간행된 「백령진지」에는 두무진이 "해로의 지름길이요. 배 대기 편리하여 해적의 출입하는 문지방"이라 기록되어 있다. 백령진이 설치되면서 두무진 낭떠러지 앞에 기와로 요망대를 짓고 해적의 출몰을 감시했다. 일제 강점기에는 일본군이 쓰던 망대가 있었고, 지금은 해군기지와 초소가 들어서 있다.

먼바다 한가운데 섬이지만 백령도는 쌀농사가 주업이다. 농업 인구가 70퍼센트, 어업 인구는 10퍼센트가 채 안 된다. 옛날 속담에 "먹고 남는 백령도, 때고 남는 대청도, 쓰고 남는 소청도"란 말이 있었다. 백령도는 1만 명이 넘는 섬 주민이 살 때도 곡식이 부족하지 않을 정도로 농사량이 많았다. 인근 대청도는 숲이 울창해 땔감에 부족함이 없었고 소청도는 작은 섬이라 농토나 산림이 부족해 어업 의존도가 높았다. 그래서 섬은 작지만 어

메밀짠지떡

메밀칼국수

업으로 돈벌이가 좋았다. 속담은 섬의 특징을 정확히 담고 있다. 백령도는 논농사와 함께 밭농사도 많이 지었다. 백령도의 밭에서 나는 메밀은 유난히 알이 튼실하고 껍질은 터질 정도로 탱탱하다. 그래서 메밀 요리가 발달했다. 옛날 황해도 문화권이었던 백령도에서는 겨울이면 냉면을 만들어 먹는 풍습이 있었다.

메밀은 보리타작이 끝나는 초여름에 심어 가을에 추수한다. 지금은 냉면이 여름 음식의 대명사로 통하고 사철 맛볼 수 있지만, 과거 백령도에서 냉면은 겨울 음식이었다. 겨울 냉면이 더 맛있어서가 아니다. 만들어 먹는 데 품이 많이 들었기 때문이다. 농번기에는 일손이 부족해 냉면을 먹고 싶어도 만들 시간이 없었다. 농한기인 겨울에라야 시간 여유가 생겼는데 냉면을 만들어 먹는 것은 큰 행사였다.

겨울이면 동네 사람들과 일가친척이 모여 냉면 만들기에 돌입했다. 일손이 많이 필요한지라 한 가족의 힘만으로는 해 먹을 수 없었기 때문이다. 이른 아침부터 준비를 시작해 해 질 녘은 되어야 먹을 수 있었다. 먼저 여자들이 메밀을 맷돌에 갈았다. 그다음 체에 쳐서 고운 가루만 모은 메밀가루로 반죽을 했다. 면을 뽑는 것은 남자들 몫이었다. 면은 나무틀로 뽑았는데, 장정이 네 명은 있어야 했다. 두 사람은 틀을 고정하고, 두 사람은 국수틀에 매달려 눌러가며 국수를 뽑았다. 그렇게 뽑아낸 면은 장작불로 삶은 뒤 찬물에 씻어 동치미 국물이나 김장김치 국물에 말아 상에 올렸다. 이렇게 해 먹던 전통 덕에 지금은 냉면이 사철 맛볼 수 있는 백령도 대표 향토 음식이 됐다.

백령도에는 순도 높은 메밀냉면을 즉석에서 뽑아주는 식당도 여러 곳 있다. 비빔냉면은 양념장을 넣지 않고 들기름만 살짝 뿌려 먹어도 일품이다. 메밀칼국수나 메밀짠지떡도 향토 음식이다. 메밀칼국수 면은 식감이 부드럽고 밀가루에 비해 소화도 잘된다. 메밀짠지떡은 메밀 반죽으로 만두처럼 빚어낸 떡인데, 볶은 신김치를 소로 넣는다. 백령도 메밀칼국수집에 가면 함께 맛봐야 할 음식이다. 백령도에서는 메밀 냉면·칼국수·짠지떡에 들기름을 넣는다. 메밀이 찬 성분이라 들기름을 넣어야 소화가 잘되기 때문이다.

고래에게 배운 미역 먹는 법

진도군 독거도는 미역 섬이다. 독거각, 돌각, 산모각 등 독거도 미역은 이름도 다양하다. 자연산 돌미역이지만 거저 얻어지는 것은 아니다. 겨울이면 포자가 붙을 갯바위를 일일이 닦고 봄에는 어린싹이 말라 죽지 않도록 날마다 물을 뿌린다. 미역이 자라기 좋은 환경을 만들기 위한 섬사람들의 노력은 대단하다. 자연산 돌미역은 자연과 사람의 합작품인 셈이다.

오래 끓이면 퍼지는 양식 미역과 달리 갯바위에 붙어 자라는 독거도 미역은 푹 끓여도 퍼지지 않고 뽀얀 국물이 우러난다. 산후조리에 좋다 해서 '산모각'이라는 명성을 얻은 것도 그 때문이다.

조선시대에는 미역이 나는 미역바위, 미역돌을 '곽전(미역밭)'이라 불렀다. 미역바위에도 논과 밭처럼 세금을 부과했는데, 권력자들은 국유재산인 미역바위를 사유화해 어민들에게 소작료를 받기도 했다. 해안가나 섬 주민들은 권문세가에 미역까지 수탈당했다. 독거도, 곽도 등 진도의 섬들도 그런 아픔을 견디고 살아남은 미역밭이다.

독거도에 다녀온 뒤 독거도 미역에 우럭 몇 마리를 손질해 넣고 국을 끓였다. 자연산 돌미역은 맛이 깊고 영양가가 많지만, 그냥 끓이면 빳빳해서 먹기가 어렵다. 오래 끓여도 잘 풀어지지 않고 질기다.

물살이 약한 바다 한가운데서 기르는 양식 미역은 파도에 시달릴 일이 없다. 반면 먼바다에서 자라는 돌미역은 갯바위에 붙어 자라는 까닭에 파도가 칠 때마다 미역 잎이 떨어지고 뿌리가 흔들린다. 이렇게 거친 파도의 시련을 견디며 단련된 돌미역은 양식 미역보다 잎도 두툼하고 줄기도 굵고 야물고 단단하다. 돌미역이 질기고 빳빳한 것 또한 그 때문이다. 돌미역은 오래 끓일수록 그 맛이 깊고 뽀얀 국물이 우러난다. 그래서 돌미역을 부드럽게 먹으려면 밤새 끓여야 하는 번거로움이 있다.

그렇다면 돌미역을 쉽게 끓이는 방법은 없을까? 독거도의 할머니에게 돌미역을 부드럽게 만드는 방법을 배워 왔다. 국거리로 쓸 생돌미역은 따온 뒤 바로 말리지 않고 데친 다음 일주일 정도 냉장 숙성시킨다. 그러면 놀라울 정도로 부드러워진다. 마른 미역도 물에 불렸다가 데쳐서 일주일 정도 냉장고에 숙성시키면 아주 부드러워진다.

독거도 할머니에게 배운 대로 마른 미역을 물에 불린 뒤 데쳐서 냉장고에 며칠 넣어놨다가 끓였다. 확실히 부드럽다. 그래도 거센 파도를 견디

우럭미역국 한 그릇을 먹으니

세파에 시달리던 속이 확 풀린다.

우럭미역국

며 자란 독거도 미역의 생명력이 느껴진다. 육지에서는 주로 소고기를 넣고 미역국을 끓이지만, 섬사람들은 생선 미역국을 즐긴다. 우럭 뼈에서 우러나온 국물은 곰국이나 다를 바 없다.

조선시대에는 산모가 애를 낳고 처음 먹는 밥을 '첫국밥'이라 했다. 『조선여속고』(1927)에는 "산모가 첫국밥을 먹기 전에 산모 방의 남서쪽을 깨끗이 치운 뒤 쌀밥과 미역국을 세 그릇씩 장만해 삼신상을 차려놓는데, 그 밥과 국은 반드시 산모가 먹었다"고 쓰여 있다. 미역이 생명을 이어주는 소중한 식재료였음을 여러 사료와 구전을 통해 알 수 있다. 미역은 강한 알칼리성 식품으로 임산부에게 꼭 필요한 무기질 특히 칼슘이 많이 들어 있고 흡수율도 높다. 임산부는 태아의 치아와 골격 형성에 필요한 칼슘 손실이 심한데, 미역은 이를 보충해준다.

미역 먹는 법은 사람이 고래에게 배운 지식이다. 고래 사회의 전통 지식이 인간 사회에 전승된 것이다. 중국 당나라 때 서견徐堅(659~729) 등이 지은 백과사전 『초학기』에는 "고래가 새끼를 낳은 뒤 미역을 뜯어 먹어 산후의 상처를 낫게 하는 것을 보고 고려 사람들이 산모에게 미역을 먹인다"는 기록이 전한다. 고래들은 이 사실을 어찌 알았을까? 경험으로 알았을 것이다. 이 경험들이 쌓여 전통 지식이 되었고 인간에게까지 전승된 것이다. 자연계의 삶이란 놀라움의 연속이다. 인간이 저 혼자 잘나서 이 세계가 유지되는 것은 아닌 듯하다. 우럭미역국 한 그릇을 먹으니 세파에 시달리던 속이 확 풀린다.

장고도

해삼 하나로 보물섬을 만든 사람들

장고도 명장섬해변 민박집에서 해삼에 술을 한잔한다. 한국에서는 어딜 가나 해삼은 날것을 초장에 찍어 먹거나 물회로 먹는 것을 선호한다. 그 자체만으로도 훌륭한 맛이 난다. 오늘도 역시나 해삼회다. 하지만 개인적으로는 생해삼을 그다지 좋아하지 않는다. 해삼도 요리한 것이 풍미가 더 깊다. 해삼 살이 쫄깃해지는 마른 해삼 요리나 내장을 좋아한다. 뱃사람이나 바닷가 사람은 해삼 살을 입에도 대지 않는 경우가 적지 않다. 내장만 쏙 빼먹고 껍질은 바다에 던져버리기도 한다.

거친 뱃사람도 속은 여리다. 감성도 입맛도 섬세하다. 해삼 내장의 맛도 섬세하고 감성적이다. 해삼 살이 산문이라면 해삼 내장은 시다. 해삼 내장에서는 깊은 바다의 맛이 난다. 해삼 내장은 생으로도 맛있지만, 삭

혀서 젓갈로 먹으면 그 풍미가 더욱 깊어진다. 일본에서는 '고노와타このわた' 라고 한다. 한국에서도 해삼 내장젓을 만들어 먹는다. 해삼 내장젓의 맛은 중독성이 깊다.

손암 정약전의 『자산어보』(1814)에서는 해삼을 전복, 홍합과 더불어 바다의 세 가지 보물, 삼화三貨라 했다. 서유구(1764~1845)의 『전어지』에서는 "해삼은 성질이 온하고 몸을 보하는바, 그 효력이 인삼 맞먹기 때문에 이러한 이름이 붙었다"고 했다. 약효가 인삼과 비슷하여 '바다의 인삼'이라고도 불린다. 인삼과 해삼을 같이 넣어 만든 보양식인 양삼탕兩蔘湯도 있다. 영어로는 바다 오이라는 뜻의 '시 쿠쿰버Sea cucumber'라 한다.

해삼은 극피동물문의 해삼강을 이루는 무척추동물이다. 해삼강에는 1,100여 종種의 해삼이 있지만 식용은 많지 않다. 동해 울릉도와 제주도 바다에서는 홍해삼이 많이 나고, 남해 연안의 암반 지역에서는 청해삼, 서해 갯벌 지역에서는 검은빛이 도는 흑해삼이 많이 난다. 한국에서는 홍해삼이 대우를 받지만, 중국인들은 흑해삼을 선호하는데. 주로 흑해삼을 말려서 식재료로 쓴다. 일본인들은 홍해삼을 선호하며 강장 음식이라 여긴다. 해삼은 말리면 10분의 1 크기로 줄어들지만, 물에 불리면 다시 원래 크기로 돌아가면서 단단한 질감이 부드럽고 쫄깃하게 변한다. 해삼으로는 회, 볶음, 찜, 탕 등 다양한 요리를 만들 수 있다. 기름이 닿은 해삼을 오래 두면 살이 녹기 때문에 조심해야 한다.

중국에서는 해삼을 팔진미八珍味의 하나로 꼽을 정도로 귀하게 여긴

다. 일본에서는 해삼 창자젓인 '고노와타'와 해삼 알집을 말린 '고노코このこ' 등이 발달했다. 해삼은 어떤 생물보다 재생력이 강하다. 배를 따서 내장을 꺼낸 뒤 바다로 돌려보내면 일주일 안에 배가 아물고 3개월이면 다시 내장이 꽉 찬다. 반으로 잘라도 70일이면 두 개의 독립된 개체로 살아난다.

그래서 일본 시코쿠 지방에서는 내장만 얻으려고 해삼을 양식한다. 내장을 꺼내고 다시 바다에 넣어 재생시키기를 거듭한다. 해삼 내장에는 사포닌의 일종인 홀로톡신이 많다. 해삼은 돌기가 많이 튀어나오고 손가락으로 눌렀을 때 단단한 것이 좋다. 마른 해삼은 표면에 흰 가루가 묻지 않은 것을 골라야 한다. 소금 가루가 많으면 오래된 것이다.

장고도는 해삼 섬이다. 해삼 하나가 섬마을 주민을 먹여살리고 있다. 장고도에서는 주민 공동체 스스로 '마을 연금'을 지급하는 경제 시스템을 만들어 살고 있는데, 모두가 해삼 덕이다. 이 섬 주민 75가구는 가구별로 2017년에는 660만 원, 2018년에는 960만 원, 2019년에는 1100만 원씩 배당금을 받았으며, 금액은 해마다 늘고 있다. 해삼과 함께 전복 양식도 하지만 아주 소량이다.

채취할 노동력이 있는 주민에게는 그 외에 또 다른 품목의 배당금도 더해진다. 바지락 양식 작업에 참가한 주민들은 가구 평균 1000만 원의 소득이 추가된다. 거동이 불편한 주민을 제외한 대다수가 바지락 작업에 참여한다. 장고도 주민들은 해마다 가구당 2000만 원의 배당 소득을 보장받고 있는 셈이다. 이것이 다가 아니다. 노동력이 있는 주민들은 어선업으로도 몇천만 원씩의 부가 소득을 올린다.

이런 배당금 덕에 장고도에서는 노인들도 노후 불안이나 돈 걱정 없이 살아간다. 그야말로 마을 연금이다. 반찬거리는 바다와 들에서 나오고 간척지 논도 있어 쌀농사도 지으니 자급자족이 가능하다. 그래서 배당 소득은 통장에 거의 그대로 쌓인다. 고된 노동을 하는 것도 아니고, 대단한 투자를 한 것도 아니다. 바다가 알아서 돈을 벌어준다.

해삼 양식은 종자를 뿌리고 난 뒤에는 사료를 줄 필요도 없고, 크게 관리할 일도 없다. 바닷속에서 알아서 크기 때문이다. 계약을 맺으면 해녀들이 채취도 해준다. 일부 젊은 사람은 해적을 감시하기 위해 가끔 순찰을 하지만, 대다수 주민은 손가락 하나 까딱하지 않고 해삼 양식 소득을 공평하게 배당받는다.

소득 수준과 관계없이 공평하게 배당된다는 점에서 기본소득에 가깝다. 정부가 아니라 마을 공동체가 스스로 성취해낸 기본소득이다. 해삼 전복 배당금은 장고도 거주한 지 20년이 안 된 다섯 가구를 제외한 75가구만 해당되니 완벽한 제도라 할 수는 없지만, 완벽에 가까운 제도다. 다섯 가구도 거주한 지 20년이 되면 배당받게 된다. 일정한 거주 기간이라는 진입 장벽이 없다면 작은 섬마을 공동체가 유지될 수 있을까? 누구나 이사 와서 주민이니 배당해달라고 한다면 감당이 되지 않을 것이다.

장고도는 바다가 저금통이고 황금알을 낳는 거위다. 장고도의 오늘은 하루아침에 이루진 것이 아니다. 1983년, 장고도의 25세 청년 편삼범이 어촌계장을 맡으면서 변화가 시작됐다.

1983년 당시 장고도 주변 해역의 해산물 채취권은 장고도 어촌계에서 연간 50만 원에 업자에게 임대하고 있었다. 그런데 업자는 그 임대료도 비싸다며 25만 원으로 인하할 것을 요구했다. 부당함을 인식한 청년 어촌계장은 주민들을 설득해 해산물 채취 사업을 어촌계 직영으로 만들었다.

그리고 수많은 고민과 주민 총회를 거쳐 1993년부터 해삼, 전복 등 해산물 채취 사업으로 거둔 수익을 주민들에게 배당하기 시작했다. 수익금으로 새마을금고를 설립해 금융 사업을 하자는 의견도 있었으나 다양한 문제가 생길 것을 우려해 마을 재산 적립이 아닌 배당으로 결정했다. 배당 이후에는 수익금 사용법을 바꾸자는 의견이 한 번도 없었다. 모두가 만족스러웠다. 1993년 장고도 69가구의 첫 배당금은 85만 원이었다. 작지만 소중한 배당의 시작이었다.

첫 배당 당시에는 해삼보다 전복 채취 소득이 컸다. 그러다 새만금 간척 사업의 영향으로 전복이 급격히 줄고 해삼이 많아지자 장고도 어촌계는 해삼에 주력하기로 했다. 자연산 해삼을 채취만 하던 데서 벗어나 해삼 종자를 바다에 뿌려 키우는 양식으로 전환한 것이다. 지금도 해마다 1억 원씩 종자비를 들여 해삼을 키우고 있다. 2019년에는 해삼 69.4톤, 전복 1.5톤을 채취해 16억 원의 매출액을 달성했는데, 해녀 작업비와 기타 운영비를 제외하고 가구당 1100만 원씩 배당했다.

해산물 채취 배당금으로 장고도 주민들의 삶이 안정되고 행복해지자, 소문이 퍼져 인근의 섬들도 장고도를 따라 배우고 있다. 지금은 보령의 외연도, 호도, 녹도, 삽시도 등에서도 해산물 채취 배당금을 주고 있다. 물론 바지락 양식 등의 수입은 별개다. 장고도의 경우 해삼이나 전복 양식 외에 바지락 양식도 어촌계에서 주도한다. 장고도 주민들은 썰물 때가 되면 갯벌에 나가 바지락을 캘 수 있다.

하지만 마을에서 종패를 뿌려가며 공동으로 관리하는 바지락 양식장은 정해진 날에만 작업할 수 있다. 가구마다 한 사람씩 작업에 참가해야 한다. 바지락 양식을 하는 많은 섬이나 해안 마을에서는 일정한 작업량을 정해두고 각자 캔 만큼 수익을 가져간다. 하루 70킬로그램 채취가 기준이면 근력이 좋은 사람은 70킬로그램을 다 캐가지만 힘없는 노인들은 20킬로그램도 못 캐 갈 수 있다.

장고도는 철저하게 공동 작업, 공동 분배다. 한 사람이 70킬로그램을 캐든 20킬로그램을 캐든 모두 모아서 공평하게 분배한다. 그렇다고 일부러 게으름을 피우는 사람은 없다. 힘 있는 젊은이들은 더 많은 양을 캘 뿐이고, 힘없는 노인들은 적게 캘 뿐이다. 하지만 젊은이들도 불만이 없다. 자신도 언젠가는 늙을 것을 알기 때문이다. 이런 공동 작업, 공동 분배 시스템을 만들기까지는 위기도 있었다.

힘이 좋은 젊은이들이 불만을 표출하기도 했다. 각자 캐는 대로 가져

해삼 살이 산문이라면

해삼 내장은 시다.

해삼무침

가자고 주장했던 것이다. 그래서 마을 회의를 통해 그 방식을 도입해 2년 동안 시험해본 뒤 재논의하기로 했다. 결과는 어땠을까? 각자 캐는 만큼 개인 소득으로 가져가는 방식의 전체 산출량은 공동 작업, 공동 분배 작업 전체 산출량의 70퍼센트밖에 안 되었다. 공동체 소속감이 적어지자 개인 사정을 핑계로 바지락 작업에 빠지는 날이 많았기 때문이다. 그래서 다시 공동 생산, 공동 분배 방식으로 전환됐고 지금껏 유지되고 있다. 개인의 욕심을 공동체성이 압도한 것이다.

노동력 없는 노인도 소외되지 않고 경제적 불안 없이 노후 생활이 보장되는 복지 시스템을 섬 주민들 스스로 만들어냈다는 것은 기적이고 신화와 같은 일이다. 정부나 지자체가 못한 것을 섬 주민들이 이루어낸 것이다. 장고도 주민들은 섬 재생 전문가이고, 어촌 뉴딜 정책가이다. 정부가 장고도에게서 배워야 한다. 그래야 도시 재생도 마을 재생도 어촌 뉴딜도 섬 살리기도 성공할 수 있다.

장고도 주민들에게 배당 소득을 가져다준 것은 어쩌면 바다가 아닌 공동체성일 것이다. 마을 바다가 주는 혜택은 소수 수산 양식업자의 것이 아니라 주민 모두의 것이라는 공동체 의식이 섬을 살렸다. 정부 지원 사업이나 전문가가 설계한 사업이 아니라 마을 주민들이 주인이 돼서 잃어버린 공동체성을 되살리는 일이야말로 마을 살리기의 최고 비법이다.

소리도

해적이 살던 보물섬의 보물 밥상

동서고금을 막론하고 보물 이야기는 흥미진진하다. 2018년에는 러일 전쟁 당시 울릉도 앞바다에서 침몰했던 보물선 돈스코이호 투자 사기 사건이 발생해 세간의 관심을 끌었다. 1905년에 침몰한 러시아 군함 돈스코이호에 150조 원 상당의 금화와 금괴 5,000상자가 있는데, 이를 인양하겠다고 투자자들에게 가짜 가상화폐를 발행해주고 돈을 끌어모은 사건이었다. 일확천금에 눈먼 이들은 물론 평범한 사람들의 환상까지 부추기며 사기극을 벌인 것이다.

여수의 외딴섬 연도에도 숨겨진 보물 이야기가 두 가지나 전해진다. 연도는 금오열도의 끝 섬이다. 비렁길로 유명한 금오도의 이웃 섬인데 섬 가운데 시루봉이 솔개가 날개를 펴고 있는 듯한 모습과 흡사해서 소리도라 불리다 한자로 표기하면서 연도가 됐다. 지금도 시루봉은 큰 날갯짓으로 하늘을 제압할 듯 강력한 기운을 내뿜는다.

보물 이야기 하나는 네덜란드 동인도회사 선박이 숨겨뒀다는 보물이다. 연도의 소리도 등대 부근 솔팽이굴은 '보물 동굴'로 불린다. 1627년 네덜란드 동인도회사 상선이 일본에서 황금을 싣고 인도네시아 식민지로 가던 중 해적선에 쫓기게 되자 솔팽이굴에 황금을 급하게 숨기고 도망쳤다는 것이 이야기의 골자다. 선장은 네덜란드에 돌아가 황금의 위치를 성경책에 지도로 그려두었다. 그리고 350년의 세월이 흐른 1972년 네덜란드계 미군 병사가 한국에 근무하게 됐다. 어느 날 그 미군이 카투사였던 연도 출신 손연수 씨에게 지도를 꺼내놓고 황금 이야기를 전했다. 자세한 이야기를 듣게 된 손연수 씨는 그 섬이 자신의 고향인 연도라 생각하고 제대 후 동굴 탐사를 했으나 보물을 찾지는 못했다. 동인도회사 보물은 여전히 미궁이다.

또 하나는 후백제 왕 견훤의 사위 박영규가 숨겼다는 보물이다. 고려 건국 공신이기도 한 순천의 호족 박영규는 후백제 건설과 발전에 공을 세웠는데, 후일에는 왕건을 도와 후삼국 통일에 기여했다. 그의 두 딸은 왕건의 부인인 동산원부인東山院夫人과 정종定宗의 비인 문공왕후文恭王后가 됐다. 박영규는 서남해 제해권을 장악하고 해상무역을 독점해 부를 축적한 무역상이기도 했다. 당시 연도는 박영규의 해상 근거지였다. 그 박영규가 연도의 어느 동굴에 엄청난 금덩어리를 숨겨두었다는 전설이 전해진다. 어

해녀가 직접 물질해 요리까지 해주는

소리도 해녀 밥상.

이 밥상 때문에 늘 섬을 찾는다.

소리도 해녀 밥상

느 동굴인지는 알 수 없지만 구체적인 인물 정보까지 등장하고, 박영규가 해상무역으로 많은 부를 축적했던 것을 생각하면 가능성 있는 이야기다.

지금 그 보물들의 위치를 확인할 길은 없다. 사실 여부도 알 길 없다. 하지만 전설은 그냥 전설일 리 없다. 섬의 어디엔가 보물이 숨겨져 있을 가능성은 충분하다. 그러므로 연도로의 여행은 보물섬으로 가는 여정이기도 하다.

연도에 보물 이야기만 전해지는 것은 아니다. 모험 영화의 단골 소재인 해적의 전설도 있다. 연도에 살던 해적은 시기와 이름까지도 알려져 있다. 1592년경 장서린이란 해적 두목과 부하 수백 명이 연도 필봉산 중턱에 청기와 망루를 지어놓고 해적질을 했다고 전한다. 관군에게 체포되며 장서린의 해적 생활은 끝이 났지만, 아직도 섬사람들은 이곳을 "서린이 큰 도둑놈 집터"라 부른다. 연도는 보물섬이자 해적섬이기도 했던 것이다. 섬은 그야말로 이야기 창고다. 연도 노인 대부분은 어렸을 때 "장서린이 큰 도둑이다"라는 말을 듣고 자랐다. 향토 사학자들이 장서린 유적을 발굴하기는 했지만 다른 유물은 발견하지 못하고 청기와 조각만 얻었다. 청기와 조각만으로도 전설이 허구가 아님은 증명된 셈이다.

이제 연도에서는 더 이상 해적을 만날 수 없고 보물의 행방 또한 묘연하다. 하지만 연도에서 직접 만날 수 있는 보물도 있다. 바로 해녀 밥상이다. 제주도에서 물질 왔다 소리도 총각한테 다리가 잡혀 30년째 고향으로 가지 못하고 있는 해녀. 그 해녀가 직접 물질해 요리까지 해주는 소리도 해녀 밥상. 이 밥상 때문에 늘 섬을 찾는다. 감탄이 나오지 않은 적이 없다. 전복, 해삼, 문어, 군봇, 배말, 군소, 생선회까지 없는 것이 없는 진짜 섬 밥상이다. 이 밥상 하나만으로도 머나먼 섬까지 와야 할 이유는 충분하다.

도초도

새신랑도 환장하게 만드는 맛

오늘 도초항 선창가 식당은 한산하다. 더러 문을 열지 않은 집도 있다. 식당 몇 군데를 어슬렁거리다 후미진 작은 식당 문을 열고 들어섰다. 식탁은 달랑 하나다. 공사장 인부인 듯한 사내 둘이 막걸리를 마시고 있다. 식당 안에는 문이 달리지 않은 작은 방이 하나 있다. 할머니 한 분이 밥상을 차리고 계시다. 자리가 없지만 염치 불고하고 밥이 되는지 물어본다. 주방에서 나온 여주인은 머뭇거리며 대답을 주저한다.

"이리 올라오시오. 같이 묵읍시다." 방에서 상을 차리던 할머니가 함께 밥을 먹자고 권하신다. 겸상이면 어떤가, 감지덕지다. 할머니는 식당 주인의 시고모다. 마실 왔다가 주인이랑 저녁밥을 먹으려던 참이었다. 젓국이랑 조기구이, 백김치, 동치미, 굴무침, 김무침, 도라지나물에 박나물, 약

바옷묵은 새신랑마저
염치를 잊게 할 정도로
유혹적인 맛이다.

바옷묵

밥까지 상차림이 남도 밥상답게 걸다. 아! 냄비 가득 끓인 구수한 젓국 냄새가 식욕을 자극한다.

남도에서는 굽거나 찐 생선에 채소를 넣어서 끓이는 국을 '젓국' 혹은 '간국'이라 한다. 한번 조리를 거친 생선으로 끓인 국은 마른 생선으로 끓인 젓국이나 간국 등과는 차원이 다른 맛을 낸다. 맛있다는 차원을 뛰어넘는 이런 음식은 '개미 있다'고 표현한다. 오늘 젓국은 설날 쪄서 상에 올렸던 감성돔, 병어, 우럭, 서대, 민어 등으로 끓였다. 고추장아찌를 넣어 간을 했다. 이 또한 깊은 맛이 우러나게 하는 비법인 듯하다. 도라지나물은 살살 녹는다. 말린 박, 묵나물은 도초도의 향토 음식이다. 푸르스름한 묵은 '바옷묵'이란다.

'바옷', '독옷'이라고도 하는 바위옷은 해안가 바위에 이끼처럼 붙은 해초다. 그것을 긁어다 묵을 고았다. 이 또한 신안 섬의 전통 음식이다. 결혼식 등의 잔치 음식으로도 귀한 대접을 받는다. 예전에는 잔칫집이 있으면 마을 사람끼리 "한 다라씩 쒀다 줘. 품앗이 하고" 그랬던 음식이다. "길게 두 도막씩 잘라서 썰어 올리면 질로 잘 묵는 게 이거여. 참기름에 진간장 발라서 묵고."

예전에는 결혼식도 신랑 집에서 했다. 어느 해던가 이 섬의 결혼식 날 신랑이 바옷묵을 보더니 식욕을 참지 못하고 손으로 냉큼 집어 먹었다. 그걸 본 신랑 친구가 "아무리 먹고 싶어도 그렇지 새신랑이 그걸 손으로 집어먹느냐"고 타박했다. 그러자 새신랑이 "그럼 니는 발로 묵냐" 그러더란다. 바위옷은 새신랑마저 염치를 잊게 할 정도로 유혹적인 맛이다.

이 좋은 성찬을 앞에 두고 술 한잔이 빠질 수 없지. 막걸리 한잔 하시자고 권하니 주인과 시고모님은 다른 술을 드시겠단다. 나그네는 막걸리를 마시고 두 분은 복분자로 담근 술을 드신다.

술잔을 비우던 시고모님이 한숨을 쉬신다. "집에 혼자 있으면 저세상으로 가고 싶어." 남편이 저승으로 떠난 지 1년이지만, 여전히 상심이 크다. 그래도 살아야겠기에 집 밖으로 나왔다. "사람 있는 데로 뛰어야지. 그래서 사람들도 만나고 그래."

남편은 폐암에 걸려 5년 동안 서울대병원을 오가며 치료를 받았다. 1년씩 입원한 적도 있지만, 머리로 암이 전이돼서 뇌수술만 받고 6년째 되던 해에 세상을 떴다.

살아생전 유독 금슬이 좋았으니 그 빈자리가 크다. 상심에 젖어 울고 있는 할머니가 안타까웠는지 어느 날 광주 사는 아들 집에 갔더니 초등학교 1학년생인 손녀가 "내가 영감 하나 해줄게, 울지 마" 그러더란다. 그래서 울다가 한바탕 웃었다. "수애야 할머니가 영감 해 가면 우리 수애 볼 수 없어. 놈의 식구 돼버려, 그랬지. 지 속으로 짠했던 모양이제." 그래도 손녀는 굳이 "영감을 하나 사갖고 오겠다"고 큰소리쳤다.

"사람들이 느그 할머니 못났다고 그러든데 어느 영감이 좋아할까?" 그러니 손녀는 씩씩거리며 "우씨, 우리 할머니 엄청 섹시하고 이뻐. 누가 그래, 내가 박을 깨불라니까". '박을 깬다'는 것은 머리통을 깬다는 말이다. 어른들이 하는 소리를 들었던 모양이다. 그래서 또 한바탕 온 식구가 배꼽을 잡고 웃었다. 어려서 몇 해를 데리고 키워서 할머니에 대한 정이 유난히 깊은 손녀다. 그러고 한참 후 손녀가 섬에 놀러 왔기에 물었다.

"수애야 어째서 영감 안 해줘?" 그러자 손녀는 "할머니 영감이 없어. 지나가는 할아버지들한테 '애인 있으세요' 물어봐도 다 있대. 없다고 하면 할머니 결혼시켜줄라 했는데" 그러더란다. 그래서 또 어찌나 웃었는지 모른다. 그렇게 손녀가 할머니의 웃음을 되찾아주었다.

시고모님의 남편은 위로 띠동갑이었다. 남편은 첫 부인과 사별했고, 시고모님은 아이 하나 딸린 처녀였다. "첫발을 잘못 디뎌갖고." 남편과는 중매로 결혼해서 아들 하나를 더 낳았으니 첫 부인 자식 셋, 데려온 자식까지 도합 5남매를 키워서 학교 보내고 다들 결혼까지 시켰다. 결혼해서는 시집살이를 지독히도 했다. "시엄마한테 뒈지게 당해부렀어." 시어머니는 남의 성 받이 자식을 집에서 키우는 며느리가 못마땅했다.

게다가 결정적인 사건이 있었다. 시어머니는 시기가 있었다. 그래서 사흘이 멀다 하고 밥을 해놓으라 했다. 처음에는 그 말씀을 따랐지만, 나중에는 며느리를 괴롭힐 생각이 있을 때마다 밥을 해놓으라 했다. 그것을 알고는 밥을 해 올리지 않았다. 그때부터 미움이 더 깊어졌다. 낮에는 시집살이에 고달팠지만, 그래도 부부 사이가 어찌나 좋은지 밤이 돼서 방에 들어가기만 하면 온갖 시름이 다 풀어졌다. "모가지 긁어 보듬고 나 업어줘 했어." 그러면 신랑은 어김없이 각시를 업어줬다. "안 업어주곤 못 배겼

제. 업어서 방 한 바퀴 돌아야 내가 떨어졌거든."

영감이 돌아가시고 나서 따라 죽고 싶을 정도로 그렇게 슬펐지만, 그래도 좋은 것도 한 가지 있다. "죽고 나서 젤로 좋은 것 한나가 있어. 방구 맘대로 뀔 수 있는 것." 남편은 여자가 방구를 함부로 뀐다고 방구만 뀌면 뭐라고 했다. "버릇없다고 방구도 못 뀌게 했어. 소리 없이 뀌라고."

이제는 방 안에서 뿡뿡 방구를 마음껏 뀐다. 속 한번 시원하시겠다. 그런데 시고모님이 처녀면서 애가 있었던 것은 왜였을까? 그 당시 섬이나 시골 여자아이들은 국민학교나 중학교만 졸업하면 서울로 가서 공장에 들어가거나 식모살이를 했다. 시고모님도 식모살이를 전전했다. 열아홉이었던가. 어느 부잣집에 식모로 들어갔다. 그 집 주인 남자는 어린 식모 처녀를 겁탈했다. 그러다 아이까지 뱄다. 어쩔 수 없이 아들을 낳았다. 주인 부부는 아이만 두고 식모 처녀를 내쫓으려 했다.

어린 엄마는 갓난아이를 포대기에 싸서 안고 도망쳐 고향으로 내려왔다. 남동생은 처녀가 아이를 가졌다고 누이를 부끄러워하고 구박했다. 부랴부랴 중매를 해서 도망치듯 애를 안고 시집을 왔다. 인연이었을까, 복이었을까? 남편은 각시를 무던히도 아끼고 사랑했다. 술도 안 마시고 노름도 할 줄 모르고 성실했다. 농사를 짓던 남편은 가을걷이가 끝나면 서울로 가서 작업장 인부로 돈을 벌어 와 가정을 꾸렸다. 아이들 키우고 가르치고 혼사 시켜주고 이승을 떴다. 그러니 어찌 눈물겹지 않으랴.

홍어의 성지 대청·소청 바다

홍어회와 홍어애, 홍어탕 한 상을 받았다. 목포? 나주? 흑산도? 아니다. 인천의 섬 대청도다. 선진포구 식당에서는 홍어 회와 찜, 탕 등의 메뉴를 내고 있다. 흑산 홍어가 유명해 홍어가 전라도를 상징하는 음식으로 알려져 있지만, 실상 가장 많은 홍어가 잡히는 곳은 대청도·소청도 어장이다. 이제 가을인데 이때부터가 본격적인 대청도 홍어잡이 철이다. 그저께 하루 동안 대청도의 6.7톤짜리 홍어잡이 어선 한 척이 400장의 홍어를 잡았다. 그야말로 엄청난 어획고다. 대청도에서는 홍어나 팔랭이(간재미)의 단위를 '마리'라고 쓰지 않고 '장'이라고 쓴다. 홍어가 종이처럼 납작해서 그런 듯싶다.

전라도 지방이 홍어의 본산지이고 타지방에서 홍어를 즐기는 이들

생홍어는 특유의 찰지고

고소한 풍미가 좋다.

찹쌀밥 같다고나 할까.

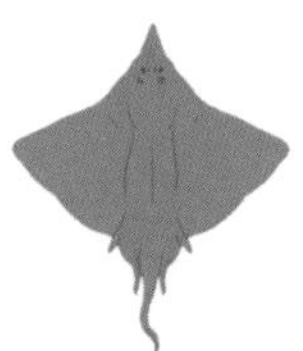

▲ 생홍어회

생홍어애탕 ▶

도 흑산도, 목포, 영산포 등지에서 홍어를 찾다 보니, 대청도에서 잡힌 홍어 대부분은 목포나 영산포로 간다. 5킬로그램 이상인 상품들만 보내고 작은 것들은 대청도에서 소비하거나 인천 연안부두 어시장에서 판매한다. 더러 대청도에서 말려서 쓰기도 한다.

그런데 대청도의 홍어는 목포로 헐값에 팔려 나간다. 2021년 가을 수치(숫놈)는 1킬로그램당 6,000~7,000원, 암치(암놈)는 1킬로그램당 12,000~13,000원 선이다. 목포 홍어 장사들은 이 홍어를 삭혀서 적게는 7~8배 많게는 10배나 되는 높은 가격에 판매한다. 삭히는 기술 하나만으로 고부가 가치를 얻는 것이다. 목포 등지에서 국내산이라 판매하는 홍어의 원산지 대부분은 대청도다. 안타깝게도 최고의 홍어 어장이지만, 정작 대청도는 홍어 문화의 혜택을 누리지 못하고 있다. 대청도 옥죽포가 홍어 마을로 지정되어 홍어 판매장이 건설 중이니 대청도 홍어 문화가 꽃필 날이 올까?

대청도에는 아직 삭힌 홍어 문화가 없다. 생으로 회나 탕을 만들어 먹거나, 말려서 쪄 먹는 정도다. 누군가는 삭힌 홍어가 맛있냐 생홍어가 맛있냐 논쟁하기도 하지만 맛을 비교할 수는 없다. 취향 문제이기 때문이다. 푸른곰팡이가 핀 블루치즈가 모차렐라보다 맛있다고 말할 수 있을까? 황태가 생태보다 맛있다고 할 수 있나? 굴비는 생조기보다 맛있을까? 서로 다른 맛일 뿐이다.

삭힌 홍어는 삭힌 대로 생홍어는 생홍어대로 각기 다른 맛일 뿐이다. 생홍어는 특유의 찰지고 고소한 풍미가 좋다. 찹쌀밥 같다고나 할까. 사람들이 찾으면 대청도에서도 삭힌 홍어가 생산될 것이다. 아, 대청도 홍어애의 고소하고 크리미한 맛이 입안에 맴돈다. 이래서 또 대청도는 홍어의 맛으로도 기억될 것이다. 인천 연안부두 어시장에 가면 대청도산 홍어가 국내산이라는 이름으로 판매된다. 생것도 삭힌 것도 다 있다. 다른 지역보다 저렴하다.

백령도와 함께 서해 최북단의 섬, 서울보다 평양이 더 가까운 섬, 대청도는 국가지질공원이기도 하다. 대청도 농여해변의 나이테바위는 지층이 세로로 서 있어 10억 년 동안 일어났던 강력한 지각 변화의 힘을 느끼게 해준다. 100미터 높이의 규암덩어리가 수직절벽을 형성하고 있는 서풍받이는 그 웅장한 자태에 감탄이 절로 나온다. 옥죽포에는 낙타가 다녀도 될 만큼 드넓은 섬 속의 사막이 있다. 사탄동 모래울해변의 솔숲은 서해안 최고의 적송 숲이다. 대청도는 어느 한 곳 눈을 뗄 수 없을 정도로 수려한 자연경관이 시원의 모습 그대로 보존되어 있다.

대청도의 원형이 이토록 완벽하게 보존될 수 있었던 것은 개발의 광풍으로부터 살짝 비켜나 있었기 때문이다. 대청도가 개발의 바람에서 비켜 서 있을 수 있었던 것은 NLL 안의 군사적 긴장이 흐르는 섬인 까닭도 있지만 어업이 주업인 섬이었기 때문이다. 인근의 백령도가 농업이 주업인 것과 달리 대청도, 소청도는 홍어, 꽃게, 우럭, 놀래미, 해삼 등 어로 활동으로 먹고사는 섬이었다. 어업으로 돈을 버니 굳이 관광 같은 것에 관심을 둘 이유가 없었다.

대청도는 원나라 마지막 황제인 순제順帝 토곤테무르(혜종)의 흔적이 남아 있는 땅이기도 하다. 즉위하기 전 혜종이 1년 5개월간 고려로 유배당한 곳이 바로 대청도다. 『택리지』(1751)에 그 기록이 있다. "원나라 문종文宗이 순제를 대청도로 귀양 보낸 일이 있었다. 순제는 집을 짓고 살면서 순금 부처 하나를 봉안하고 매일 해 돋을 때마다 고국에 돌아가게 되기를 기도하였는데, 얼마 후 돌아가서 등극하였다."

대청도는 서해의 마지막 남은 보석 같은 섬이다.

암태도

숫양파의 비애

암태도의 봄, 들녘에 버려진 양파가 지천이다. "어르신 어째서 저 양파들은 버려두신 건가요? 멀쩡해 보이는데." "수놈이라 버린 거요." "양파도 암수가 있습니까?" "그럼." "근데 수놈이라 버리신 거라구요? 왜요? 수놈은 맛이 없나요?" "양파 수놈은 가운데 심이 박혀 있고 누린내가 나서 먹기가 힘들어요." 지금껏 사다 먹은 달달한 양파는 모두 암양파였던 거구나. 수확 철이 지나고 들판에 처참히 버려진 수컷 양파들.

"암양파랑 숫양파는 어찌 구별하나요? 겉으로 봐선 똑같은데." "우리도 다들 서 있을 땐 잘 몰라요. 근데 양파가 익으면 암양파는 흙 위로 튀어 올라 알아서 자빠져요." 하지만 눈치 없는 숫양파는 익어도 고개를 쳐들고 서 있다고 한다. 그렇게 양파의 암수를 구별한다.

농부들은 알아서 자빠진 암양파들만 수확하고 건방지게 서 있는 숫양파는 가차 없이 버린다. 버려질 때가 온 줄도 모르고 고개 쳐들고 서 있는 저 불쌍한 수컷들의 비애라니!

복잡한 마음으로 암태도 단고리 마을 면사무소 부근을 지나는데 열린 대문 틈으로 장독이 장하게도 서 있다. 기웃거리니 주인장께서 들어와 자세히 보라고 하신다. 심지어 장독을 열어주며 설명까지 해주신다. 장독들은 그야말로 지혜의 창고다. 주인장이 된장독 뚜껑을 열어주니 된장 위에 고춧가루가 뿌려져 있다. 고춧가루로 덮어두니 벌레가 얼씬도 안 해서 좋으시단다. 응용해볼 만한 지혜다. 간장도 재래식 집간장과 조미간장, 두 독을 담았다. 조미간장은 다시마나 멸치 같은 것을 넣어 약간 싱겁게 끓여 만들었다. 양파장아찌도 항아리에 숙성을 시키니 그 맛이 더 깊다. 두루두루 요긴한 생활의 지혜다.

『조선왕조실록』에는 고작 20명의 섬 주민이 왜구의 해적선 9척과 맞서 싸워 승리했다는 놀라운 기록이 남아 있다. 왜구의 해적선 중 대선에는 300여 명, 중선에는 100~200명, 소선에도 40~80명 정도가 승선했다. 물론 더 작은 선박이더라도 9척이면 최소 100명 이상은 될 터였다. 정규군도 아니라 무기도 변변찮은 섬 주민이, 이 놀라운 전투를 승리로 이끈 주인공이 바로 암태도 사람들이었다.

일제 강점기 전국적 농민항쟁의 도화선이 됐던 농민운동의 발화점 또한 암태도였다. 암태도소작쟁의가 그것이다. 추수거부·소작료불납동맹으로 친일 지주 문재철에 대항하던 암태도 농민 대표들이 일제 경찰에 의해 구속되자, 암태도 주민들은 아사동맹으로 일제와 맞서 싸웠다. 1차로 400명이, 2차로 600명이 목포경찰서 앞에서 단식투쟁으로 저항했고, 마침내 승리했다. 이 항일 정신의 뿌리가 왜구와 일당백으로 싸워서 승리한 역사에 깃들어 있었던 것이다.

왜구 해적선 9척이 암태도를 침략한 것은 조선 태종 8년(1408)이었다. 왜구들과 맞서 싸운 것은 염간 김나진과 갈금 등이었다. 염간은 소금막에서 자염煮鹽을 만들던 염부를 말한다.

> 왜선倭船 9척이 연일連日 암태도巖泰島를 도둑질하니, 염간鹽干 김나진金羅進과 갈금葛金 등이 쳐서 쫓아버렸다. 나진羅進 등 20여 인이 혈전血戰을 벌여 적의 머리 3급級을 베고, 잡혀갔던 사람 2명을 빼앗으니, 적賊이 곧 물러갔다.

2월 3일의 기록이다. 오랫동안 의문을 풀 수 없었다. 고작 20여 명의 섬 주민이 어찌 수백의 왜구를 이길 수 있었을까? 그런데 문득 오늘 아침 그 의문이 풀리는 듯하다. 전투 장소가 섬이었기 때문이다. 육지에서는 왜구가 침략하면 허망하게 당하거나 도망갈 틈이 있으면 도망치면 됐다. 군사들이 있으니 주민들이 자강할 이유가 없었다.

하지만 섬에는 지켜줄 군사도 없고 도망갈 곳도 없다. 도망갈 곳이 없으니 죽기 살기로 싸울 수밖에 없었다. 스스로를 지키기 위해 늘 단련했을 것이니, 암태도 사람들의 전투력 또한 막강했을 것이다. 그토록 강인한 섬사람 20여 명이 죽기 살기로 싸웠으니 왜구 수백 명을 물리칠 수 있었을 것이다.

병풍도

한목숨 죽어야 한목숨 살아지는 생애의 한낮

"병풍도가 염전이 아주 많아요. 염전 고장이제." 신안의 작은 섬 병풍도 근처에는 근래 '섬티아고' 순례자 길로 유명해진 대기점도, 소기점도, 소악도, 진섬 등의 작은 섬이 있는데 이는 모두 노두(오래전 마을 사람이 직접 돌을 날라 만든 길)를 통해 병풍도와 연결되어 있다. 예전에는 갯벌 위에 노둣돌을 놓아 썰물 때만 건너다녔지만, 이제는 갯벌에 도로를 깔아 만조 때만 아니면 수시로 건널 수 있다. "옛날에는 노두로 건너다니다 옷도 다 버리고 그랬는데 지금은 편해졌소."

해안 절벽이 병풍처럼 아름다운 병풍도 해변에는 해식동굴도 있었지만, 지금은 사라졌다. "해식동굴, 그거 파도에 생긴 것이 파도에 없어져부렀소. 어릴 때는 거길 뛰어다니고 그랬는데 흔적도 없어져부렸어."

병풍도 민박집 주인 노인의 이야기를 들으며 저녁을 함께 먹는다. 오늘 밥상에는 낙짓국이 올랐다. 염전의 고장인 병풍도는 갯벌이 드넓어 낙지의 고장이기도 하다. 낙지 요리는 무궁하지만, 낙짓국은 낙지가 흔한 섬이 아니면 상상할 수도 없는 요리다. 그 귀한 뻘낙지로 국을 끓일 생각을 어찌 할 수 있단 말인가, 산낙지로 먹어도 한 점이 아까운 것을. 낙지는 노인이 낮에 뻘에 나가 잡아 온 것이다. 낙지가 듬뿍 들어간 진한 낙짓국은 격을 달리하는 고귀한 맛이다. 국물은 달고 낙지 살은 부드럽기 그지없다.

병풍도의 낙지가 부드러운 것은 모래가 섞이지 않은 순수한 펄 갯벌에서 자라기 때문이다. 영양분이 많고 부드러운 갯벌 밭에 사니 낙지의 몸도 단단해질 필요가 없다.

병풍도 주민들은 아직도 갯벌에 나가 손으로 직접 낙지를 잡는다. 낮에는 삽으로 파서 잡고 밤에는 불을 밝혀 '홰낙지'로 잡기도 한다. 낙지는 야행성이라 낮에는 갯벌 속에 숨어 있다 밤에 바다로 나와 먹이 활동을 한다. 그때 불을 밝혀 잡는 것이 홰낙지다. 횃불을 밝혀 잡아 홰낙지라 했지만, 지금은 전등을 비추어 잡는다.

재래식 낙지잡이는 맨손 낙지나 홰낙지 외에도 '가래 낙지', '빠져나간 낙지', '묻은 낙지', '홀린 낙지' 등의 다양한 어법이 있었다. 산란한 어미 낙지는 자기 몸을 새끼에게 먹이로 내어주고 죽는다. 산란 철에는 어미 낙지 몸에 새끼 낙지가 거미 떼처럼 달라붙어 어미를 뜯어먹는 모습을 볼 수 있다. 1~2주 정도 어미의 살을 뜯어먹고 자란 낙지들은 어미의 살이 형체도 없이 사라지면 갯벌 밭 곳곳으로 스며든다. 그 낙지들 또한 어미가 되면 새끼들에게 제 몸을 온전히 내어주고 소멸할 것이다. 한목숨 죽어야 한목숨 사는 생태계의 법칙이다.

예전에는 낙지가 워낙 많았다. 낙지를 잡아 이깝(미끼)으로 팔 정도였다. "민어잡이에는 낙지 미끼가 아삼륙(최고)이었어. 낙지는 보신에 최고여. 힘 일어나는 데 최고지. 기진맥진해 있다가도 낙지 삶아 먹고 낙지 뜯어먹으면 바로 일어나부러."

병풍도 근해는 황금어장으로 유명했다. "조기, 부서, 준치, 병어…. 평풍리 뒷바닥에 고기가 무자게 많이 났소. 짚 가마니로 하나씩 담아서 져 나르고 그랬소. 그란디 지금은 하나도 없어. 조기, 부서 큰 거 간질한다고 시멘트로 간독 만들고 그랬는디, 지금은 없어져부렀소."

옛날에는 동서남해 어느 한 곳 황금어장 아닌 바다가 없었다. 그렇지만 이제는 어느 바다에 가나 어족의 씨가 말랐다는 탄식이 들린다.

병풍도에는 해태(김) 양식장도 많고 염전도 많았다. "평풍도가 돈 섬이라 했소. 지금사 힘이 없어 돈을 못 버니까 그라제." 주인장은 병풍도를 '평풍도'라 발음한다. 늙어가면서 힘에 부치니 김 양식도 못 하고 염전도 줄었다. 그러니 더 이상 돈 섬이 아니다.

물고기가 그렇게 많이 나던 시절에도 병풍도 사람들은 바다보다는 땅에 기대 살았다. 농사만으로도 풍족하게 살 수 있었으니 굳이 바다에 눈 돌리지 않아도 됐던 것이다. 바다는 언제든 꺼내다 먹을 수 있는 생선

냉장고 같았다. 부족할 게 없는 섬이었다. 그래서 병풍도는 인심이 좋았다. 그런데 병풍도의 인심이 사나워진 것은 한국전쟁 직후부터다.

"6.25 나면서 베려부렀소. 6.25 때 사상 그것 때문에 그랬지. 서로 죽이고, 젊은 사람들 다 희생당해버렸지. 평풍리 사람 이 씨라고 있었는디, 그 사람이 똑똑했었는디, 쓸 만한 사람은 다 잡아다 조저부렀어. 자기 핏줄 죽였다고 경찰 시켜서 학살해버렸소. 젊은 사람 싹쓸이해부렀소, 수십 명을…."

이 작은 섬도 동족상잔의 비극을 비껴갈 수 없었다. 인민군이 들어왔을 당시 형이 마을 사람 누군가에 의해 죽임을 당했던 이가 있었다. 그가 인민군이 쫓겨 가고 경찰이 들어오자 복수를 한 것이다. 그런데 자신의 핏줄을 죽인 사람뿐만 아니라 마을의 젊은 사람을 전부 좌익으로 몰아 학살했다.

"나도 그때 두 형을 잃었소. 그때 형들이 안 죽었다면 나가 섬에 살지도 않았을 것인디." 똑똑했던 노인의 두 형도 그 복수의 희생양으로 죽임을 당했다. "두 형님, 스물몇 살씩 됐을 때요. 한 분은 딸 하나, 한 분은 자식도 없이 신혼 때 죽었어. 죄가 없어도 까시 노릇 한 사람은 다 잡아 죽여버렸소. 쉽게 말해 발전 가능성이 있는 사람은 다 족쳐부렀지."

노인은 이제 원한이 풀어진 것일까? 두 형을 죽음으로 내몬 사람도 이해할 것 같다고 한다. "그 사람보고도 머라 못 하겠습디다. 자기 핏줄이 죽임을 당했으니…. 잘생기고 언변도 좋았는디 국회의원 나왔다가 그 사

낙짓국은 격을 달리하는 맛이다.

국물은 달고

낙지 살은 부드럽기 그지없다.

병풍도 낙짓국

건 땜에 베려부렀어. 인물은 인물인디."

시간의 힘일까, 망각의 힘일까? 원한도 용서도 망각의 강물에, 시간의 물살에 떠내려간 것일까? 아니면 살아남기 위해 망각의 강에 스스로 빠졌다 나온 것일까?

"저 영산강 가운데 섬이 하나 있는데 거기 사람들한테 들으니까 경찰들이 주민들을 죽여 돌을 발에다 묶어서 던져버리니 시체가 산더미처럼 쌓여부렀답디다." 노인은 이런 얘기를 들었다고 누구한테 말하지 말라고 신신당부한다. "이런 얘기하면 웃어라우. 지나간 야기 해서 뭐 하겠소."

그런 아픔 하나씩 품고 살아가는 섬사람들. 새삼 옛이야기를 꺼내 상처를 들쑤실 필요가 없다는 말씀일 게다. 섬에는 아직도 피해자와 가해자의 가족이 이웃하며 살아가고 있으니 말이다. 병풍도는 한국 사회의 축소판 같다.

노인은 올해 일흔여섯이다. "닭띠 해에 태어난 사람은 고향을 떠나야만 잘 산다고 해요. 닭띠들은 고향서 살면 흉터를 가지고 산다고 해요." 노인은 내내 고향을 떠나지 못하고 가난하게 살게 된 것이 팔자 탓이려니 생각한다.

그래도 노인은 한 가족의 가장 역할을 충실히 하며 살았다. 평생 농사를 짓고 갯벌에 나가 낙지를 잡아다 팔아 자식 교육을 시켰다. "농사 지서 갖고는 애들 못 갈쳐요. 낙지 잡기도 하고 마을 사람들이 잡은 것 사가지고 목포 나가 되팔러도 다니고. 많이 잡을 때는 하루 100마리씩도 잡고 그랬어요."

노인은 5년 전까지만 해도 낙지를 잡으러 많이 다녔지만 이젠 손을 놨다. 자식 교육도 다 시켰겠다 노인은 더 이상 낙지잡이를 생업으로 하지 않는다. 갯벌 낙지잡이가 얼마나 고된 일인가. 노인이 갯벌에서 보낸 세월만 50년은 족히 넘을 것이다.

"고기 묵고 싶으면 잡아다 묵고, 낙지 묵고 싶으면 조금씩 파다 묵고, 이젠 편하게 사요." 노인은 후릿그물질로 반찬거리로 쓸 생선이나 잡고, 낙지가 먹고 싶으면 가끔 갯벌에 나가 파다 먹으며 노년의 시간을 여유롭게 보낸다. 그렇다고 어찌 쌓인 한이 아주 사라지기야 할 것인가. 살다 보니 살아졌다고 말하던 노인의 목소리가 밤새 귓가를 맴돈다.

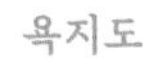

욕지도

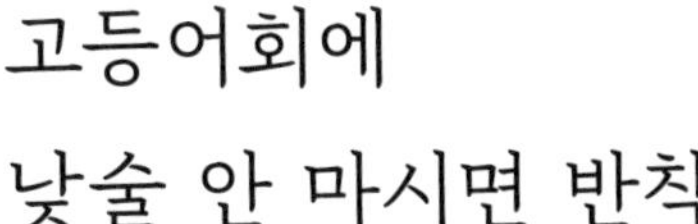

고등어회에 낮술 안 마시면 반칙

100년 전 통영 욕지도의 자부포라는 아주 작은 마을에 일본인이 경영하고 게이샤가 일하던 고급 요정이 있었다. 믿기지 않겠지만 사실이다. 자부포 마을에는 욕지도의 과거부터 현재까지의 변화상을 사진으로 보여주는 전시장이 있다. 여기에는 1910년대 욕지도 자부포 마을에 있던 요정 '명월관' 소속 게이샤들의 사진도 전시되어 있다. 대체 욕지도에는 어떤 역사가 깃들어 있는 것일까?

20세기 초반, 자부포에는 명월관 외에도 방석집(색싯집)이 50여 곳이나 성업이었다. 작은 섬마을 전체가 환락가였다. 1915년 욕지도 인구는 23,000여 명이었고, 그중 조선인이 20,864명, 일본인이 2,127명이었다. 지금 욕지도 전체 인구는 2,000명 남짓이다. 그런데 자부포라는 작은 마을 욕지도에서 먹는 고등어회는 남다르다.
양식장에서 갓 건져 올렸으니
더 싱싱하고 더 찰지다.

고등어회

하나에 2,127명이 넘게 살았고 그들 대부분이 일본인이었다. 그러니 자부포가 얼마나 북적거렸을지 짐작이 가고도 남는다. 그야말로 해상도시였고 도심의 유흥가였다. 한국 섬 안의 일본이었다.

욕지도가 번성하게 된 것은 일본 제국주의가 조선을 식민지화하고 조선의 수산물을 수탈하기 위해 욕지도, 거문도, 청산도, 제물포, 목포, 부산항, 원산항, 구룡포 등 섬과 항포구들을 교두보로 삼았기 때문이다. 섬과 항포구들은 일제 식민지 수탈의 전진기지였다.

1895년경 도미우라라는 일본인이 욕지도를 들락거리며 조업을 하는 동시에 욕지도의 수산물을 매입해 일본에 팔기 시작했고, 1900년대 초반에는 급기야 욕지도에 정착했다. 선박과 어구, 어업자금을 빌려주고 고리대금으로 어민들을 옭아매고 수탈해갔다.

돈에 매이면 옴짝달싹할 수 없는 것이 인간이다. 그 심리를 이용해 일제는 조선의 섬과 항포구부터 장악해 들어갔고 마침내 조선을 집어삼키고 압제와 수탈의 역사를 시작한 것이다. 일제 조선 침략의 관문, 욕지도 자부포는 그 뼈아픈 역사의 증거물이다.

선사시대부터 사람이 살았지만, 고려 말 조선 초 시작된 공도空島 정책으로 욕지도 또한 오랫동안 공식적인 입주가 허락되지 않았다. 물론 그때도 숨어 산 이들은 있었을 것이다. 하지만 욕지도에 공식적인 입주가 허락된 것은 고종 24년(1887)이다. 장수나무 아래서 입도인 4명이 소를 잡아 개척제를 지내며 사람살이가 다시 시작됐다. 조선인의 거주와 거의 동시에 일본의 어업 이민이 시작됐던 것이다.

욕지도 관광 안내 책자 등에는 욕지欲知란 이름의 뜻을 '알고자 하는'으로 풀이해놓고 있다. 대체 무얼 알고자 한다는 말인가? 그것은 그냥 글자 뜻풀이일 뿐 욕지도란 이름의 진짜 의미를 풀이해주지는 못한다. 욕지도의 뜻은 글자만으로는 결코 풀이될 수 없다. 욕지도 한 섬만으로도 풀이가 되지 않는다. 욕지도의 뜻은 연화도, 두미도, 세존도 등 주변의 다른 섬들과 연계할 때 비로소 실마리가 풀린다.

욕지도를 비롯한 이들 섬의 이름은 "욕지연화장두미문어세존欲知蓮華藏頭尾問於世尊"이라는 불경 구절에서 따온 것이기 때문이다. "연화세계(극락세계)를 알고자 하는가? 그 처음과 끝을 부처님께 물어보라." 이 한 문장에 욕지도 주변 섬의 이름이 다 들어 있다.

옛날 욕지도를 비롯한 연화열도의 섬들은 스스로 연화세계를 이루고 있었던 것일까? 그래서 이들 섬 이름은 불국토, 이상향을 염원하는 누군가의 기획하에 지어진 것처럼 아귀가 맞는다. 그렇지 않고서야 어찌 이런 이름의 섬들이 통영 바다에만 몰려 있을까?

한 시절 어업 전진기지였고 고등어, 전갱이 등으로 풍어를 이루었지만, 욕지도 또한 어장 고갈로 지금은 대부분이 기르는 어업과 고구마 농사로 살아간다. 욕지도 내항은 돔, 우럭 등의 가두리 양식장으로 가득하다.

자부포 마을 안길을 둘러보고 나오니 바닷가 포장마차에서 생선회를 팔고 있다. 욕지도 여행자들은 대부분 고등어회를 찾는다. 나 또한 고등어회 한 접시를 시켜놓고 낮술을 한다. 욕지도는 고등어 양식의 메카이기 때문인데, 고등어 양식이 가장 먼저 시작된 곳이기도 하다. 욕지도, 연화도 등 통영 섬의 활고등어가 전국 횟집으로 간다. 서울이나 제주 고등어회 전문점에서 먹는 고등어회 대부분도 욕지도 고등어라고 보면 된다.

양식이라고는 하지만 작은 고등어를 포획해 바다의 가두리에 가두고 멸치나 전어 같은 어류를 먹여 키우니 자연산과 진배없다. 오히려 먹이 공급이 안정적이니 더 기름지다. 그래서 욕지도에서 먹는 고등어회는 남다르다. 양식장에서 갓 건져 올렸으니 더 싱싱하고 더 찰지고 달다. 그러니 욕지도에서 고등어회에 낮술을 마시지 않는 것은 반칙이다!

청산도

막배가 끊긴 뱃머리 좌판 술상

초겨울 청산도 도청리 뱃머리 간이 어판장 좌판. 여행을 온 초로의 나그네와 젊은 사내 하나가 해산물 접시를 놓고 술을 마신다. 좌판이지만 해산물이 푸짐하다. 청산도 해녀들이 잡아 온 것을 바로 손질했다. 해삼, 멍게, 소라, 굴…. 싱싱하니 양념 없이 그 자체로도 최상의 맛이다. 막배를 놓친 나그네와 사내는 옆에서 각각 술을 마시다 이야기가 오가고 술자리는 하나가 되었다.

사내는 목포 전자제품 대리점에서 일한다. 청산도에 냉장고 배달을 왔다가 막배를 놓쳤다. 목포에 오기 전까지는 부산에 살았다. 낯선 목포 땅에 살게 된 것은 사랑하는 여자 때문이었다.

예천이 고향이지만 조실부모하고 부산으로 이주해 동생들을 키웠다.

싱싱하니 양념 없이

그 자체로도 최상의 맛이다.

청산도 뱃머리 해산물 접시

열한 살 때 전포동에서 재봉 일을 시작했다. 열여덟부터 스무 살까지는 멸치잡이 배를 탔다. '조직' 생활도 했다. 뱃일을 그만두고 놀던 때였다.

여자친구와 부산 백악관 나이트클럽에 갔다가 '스카우트'됐다. 옆 좌석 일행 중 하나가 여자친구에게 자꾸 '찝쩍'거렸다. 세 번쯤 경고했지만 일행이 많은 취객에게 사내의 말은 씨알도 먹히지 않았다.

일곱 명과 붙었다. 셋을 쓰러뜨린 뒤 맥주병을 깨 들고 위협하니 그들도 더 이상 덤비지 못했다. 싸움이 수습되자 나이트클럽 매니저가 사내를 불렀다. 대뜸 "너 내일부터 일해라. 안 하면 죽는다" 했다.

나이트클럽은 부산 지역 최대 폭력조직이 운영하는 곳이었다. 나이트클럽에서 심부름하다 한 달 뒤에 정식 조직원이 됐다. 또 한 달이 지난 후 조직의 명령으로 경쟁 조직의 조직원을 '담그고' 빵에 갔다.

초범이라 1년 남짓 살았다. 출소 뒤에도 5년쯤 더 조직 생활을 했다. 인천으로 파견 근무를 가 숭의동 옛 버스터미널 근처 나이트클럽을 맡아 운영했다. 그러다 힘들어서 부산으로 복귀해 남포동의 나이트클럽을 운영했다. 그사이 번 돈으로 여동생 둘을 결혼시켰다.

여자의 권유로 사내는 조직 생활을 정리하고 목포까지 왔다. 목포는 여자의 고향. 둘이 3년을 살다 헤어졌다. 가진 돈과 집 모두를 여자에게 남겨주고 몸만 나왔다. 그가 집을 나오고 일주일이 지나서부터 여자는 다른 남자와 동거를 했다. 여자는 떠났지만, 사내는 목포에 정이 들어 떠나지 못하고 있다.

한산도

장군의 섬에서 맛보는 최고의 약선 음식

문어는 비인간 인격체 후보에 오를 만큼 지능이 높다. 단기 기억, 장기 기억을 구분하고 사람을 기억하는 능력도 있다. 수족관에 가둬두면 뚜껑을 열고 탈출하기도 한다. 도구를 사용할 줄도 안다. 조개를 잡아먹기 위해 조개가 입을 벌린 틈을 노려 조개껍질 사이에 돌을 끼워놓고 살을 빼먹을 정도다. 그렇다 한들 문어 또한 다른 생명체를 잡아먹어야 살아남을 수 있고 스스로도 누군가의 먹이가 되는 운명을 피할 길은 없다. 그것이 생명의 질서고 생태계의 법칙이다.

문어는 문어목 혹은 팔완목에 속하는 무척추동물이다. 수명은 3~4년 정도다. 우리나라에서 잡히는 문어는 큰문어Enteroctopus dofleini, 참문어Octopus vulgaris가 있다. 한자어로는 '대팔초어大八稍魚', '팔초어八稍魚', '팔대어八大

기름장이나 초장에 찍어 먹는

문어 숙회와는

차원이 다른 요리다.

전복 문어초

魚'라고 한다. 동해에서 서식하는 큰문어는 '대왕문어'라 불리는데 50킬로그램까지 자란다.

참문어는 '돌문어', '왜문어' 등으로 불린다. 문어는 다리가 8개인데 수컷은 세 번째 다리의 빨판이 없고 맨드르르 하다. 그 다리가 수컷이란 증거다. 세 번째 다리 끝부분은 생식기다. 수컷 문어의 말년은 비참하다. 짝짓기가 끝난 문어는 그대로 죽거나 암컷에게 잡아먹힌다. 암컷이라고 다르지 않다. 2만 개에서 10만 개까지 알을 낳는데 부화까지는 온도에 따라 5~7개월이 걸린다. 이 기간 내내 문어는 아무것도 먹지 않고 알을 지키다 새끼가 태어나면 자신의 몸을 새끼들의 먹이로 내주고 소멸에 이른다.

통영 한산도 민박집 밥상에 문어 요리가 한 상 차려졌다. 문어는 겨울에 맛있다. 섬에서 문어야 흔한 음식이다. 요리라고 할 것도 없이 삶아 먹는 것만으로 오지다. 하지만 오늘 밥상에는 토속 문어 요리가 하나 더 올랐다. 전복을 넣은 문어초다. 다른 지역에서 보기 힘든 요리지만 통영에서는 시내나 섬이나 할 것 없이 즐겨 먹는 음식이 초炒다. 통영 시내 요리 좀 하는 다찌집에서도 빠지지 않는 음식인데, 홍합초나 문어초가 주로 나온다.

초는 재료를 간장 물에 조려 윤기 나게 만드는 조리법이다. 지역에 따라 삶아서 무치기도 한다. 문어초는 삶은 문어를 간장과 마늘, 참기름 등 양념으로 무쳐낸 것이다. 기름장이나 초장에 찍어 먹는 문어 숙회와는 차원이 다른 요리다.

『규합총서』(1809)에서는 "돈같이 썰어 볶으면 그 맛이 깨끗하고 담담하며, 그 알은 머리·배·보혈에 귀한 약이므로 토하고 설사하는 데 유익하다. 소고기 먹고 체한 데는 문어대가리를 고아 먹으면 낫는다"고 하였다.

북유럽에서는 문어를 괴물로 인식해 식자재로 쓰지 않았다. 미국에서도 아시아계나 남유럽계를 제외한 대다수는 문어를 식재료로 취급하지 않았지만, 현재는 지중해 음식으로 널리 판매되고 있다.

완도 횡간도에서는 몸이 허약해서 코피를 자주 흘리는 사람에게 문어를 치료제로 썼다. 생문어와 팥을 푹 고아 먹으면 코피가 바로 멎었다. 지금도 코피가 자주 나는 아이들에게는 생문어와 팥을 함께 고아 먹인다.

많은 섬 지역에는 문어를 말려 보관해두고 먹는 풍습이 있다. 제사상에는 생문어나 마른 문어, 혹은 둘 다 쪄서 올린다. 마른 문어는 껍질을 벗겨 말리면 '백문어', 껍질째 말리면 '피문어'라 한다. 아이 못 낳는 여자들이 주로 피문어죽을 해 먹었다. 피문어에 찹쌀, 대추를 넣고 문어가 말랑말랑 물러질 때까지 푹 고아낸다. 요즈음은 압력솥에 40분이면 가능하다. 나는 피문어보다는 생문어를 이용해 문어죽을 종종 끓여 먹는다. 죽 중에 최고다. 방법은 간단하다. 문어를 잘게 자른 뒤 씻은 쌀과 마늘, 양파만 넣고 압력솥에 푹 끓이면 끝이다. 문어의 향이 짙게 밴 죽은 허기진 인생을 충만하게 만들기 충분하다.

한산도는 조선 최초 삼도수군통제영이 있던 곳이다. 초대 삼도수군통제사는 이순신 장군(1545~1598)이었는데 경상·전라·충청도 3도의 수군 총

사령관이었다. 선조 26년(1593) 8월 임진왜란 중에 초대 삼도수군통제사로 임명된 이순신 장군은 1597년 2월, 파직될 때까지 한산도에 주둔했다. 7년 전쟁 중 3년 8개월을 한산도에 머물렀으니 '장군의 섬'이라 이를 만하다.

현재 섬에는 제승당, 영당, 충무사, 수루, 한산정 등의 건물이 있지만, 이순신 장군 당시에 지은 것은 아니다. 이순신 장군의 한산 진영은 정유재란 때 불에 타 폐허가 되었다. 왜군의 수중에 넘어갈 것을 우려한 조선 수군이 퇴각하면서 소개시켰기 때문이다. 영조 15년(1739)에 이르러서야 107대 조경 통제사가 운주당 옛터에 다시 건물을 세우고 '제승당制勝堂'이라 이름 지었다. '운주당'이란 이순신 장군이 가는 곳마다 기거하던 곳을 편의상 부르던 이름이었다. 이순신 장군은 한산도에 진陣을 친 이후 늘 이 집에 기거하면서 참모들과 작전 회의를 했다고 한다.

이순신 장군이 한산도에 머무는 동안에는 큰 전투가 없었다. 세력 균형 상태가 지속됐다. 당시 한산도에는 판옥선 150여 척이 있었고 1만 5,000~2만 명 정도의 수군이 주둔했던 것으로 추정된다. 제승당의 수루戌樓에서는 한산도 앞바다를 지나가는 배를 환히 볼 수 있다. 하지만 그 배에서는 한산도 진영을 엿볼 수 없다. 해갑도란 섬이 가로막고 있어서다. 그야말로 천혜의 요새다.

이순신 장군이 시름하던 수루는 정자만 하나 지어진 지금과는 다른 모습이었다. 〈난중일기〉에 "수루에 도배를 했고 잠을 잤다"는 기록이 있는 것을 보면, 망루뿐만 아니라 숙직할 수 있는 방도 딸렸을 것으로 짐작된다. 수루는 한산도뿐만 아니라 전국의 군사기지 어디에나 있던 망루다. 그래서 과거에는 군에 가는 것을 "수자리 살러 간다"고 했다. 우리가 익히 알고 있는 "한산섬 달 밝은 밤에…"로 시작되는 〈한산도가〉는 1592년 이순신 장군이 한산도에서 지은 시로 알려져 있다. 하지만 서지학 전문가이자 〈한산도가〉의 원본을 소장하고 있다는 이종학 전 독도박물관장은 "장군이 1597년 보성 열선루에서 한산도를 바라보며 지은 한시"라고 주장하기도 한다.

약무호남 시무국가若無湖南 是無國家, 호남이 없으면 나라도 없다! 왜군의 보급 창고가 될 곡창지대 호남을 빼앗기지 않기 위해 조선 수군은 경상도 바다에서 왜군을 막아야 했다. 호남으로 가는 통로를 차단하는 데 한산도는 적지였다. 초대 통제사 이순신 장군이 삼도수군통제영의 본영을 여수가 아니라 통영의 한산도에 두게 된 전략적 이유다.

선조 25년(1592) 7월 8일, 전라좌수사 이순신은 전라우수사 이억기, 경상우수사 원균 등과 연합해 왜군에 맞선다. 조선 수군이 당포에 이르렀을 때 적의 전함 70여 척이 견내량見乃梁에 들어갔다는 정보를 입수하고 이튿날 전략상 유리한 한산도 앞바다로 적군을 유인할 전략을 세운다. 조선의 판옥선板屋船 5~6척이 적의 선봉을 쫓아가 급습하도록 했다. 이에 적선들이 쫓아 나오자 조선 수군은 견내량을 빠져나와 도망치는 척하다가 왜군 함대가 한산도 앞바다에 도착할 즈음 갑자기 학익진을 펼치고 대포를 쏘아대며 왜적을 초토화시켰다.

한산도 전투에서 왜군 대장은 와키자카 야스하루脇坂安治(1554~1626)였다. 육전에서 그는 3,000명의 병사로 용인을 수비하던 중 전라감사 이광이 이끄는 조선군 5만 명의 공격을 받지만, 야간에 기습공격하여 패주시킨 맹장이었다. 또 정유재란 때인 1597년 7월에는 도도 다카토라와 함께 칠천량 해전에서 원균이 이끄는 조선 수군을 역습해 섬멸시켰던 자다.

임진왜란 당시 함포는 조선이 절대적인 우세였다. 하지만 화약에 불을 붙여 철환을 날리는 함포 공격은 다시 포를 쏠 때까지 간격이 너무 길었다. 전함 숫자가 적은 조선으로서는 불리한 조건이었다. 와키자카는 조선 수군이 일자진을 펼칠 거라 예상했고, 그래서 전함 숫자가 월등한 자신들이 일자진을 깨고 포위해 들어가면 승리할 수 있을 거라 확신했다고 한다. 그러나 예상을 깨고 이순신은 일자진이 아닌 학익진을 펼쳤다. 학익진은 본래 육전에서 발전한 진법이었는데, 이순신은 이를 해전에 응용했다.

학익진과 함께 조선 수군이 한산해전에서 승리할 수 있었던 또 하나의 원동력은 판옥선의 존재였다. 판옥선은 직사각형 모양의 평저선(바닥이 평평한 배)이다. 한산해전뿐만 아니라 옥포·당포·부산포 해전 등에서 활약한 전함도 거북선 세 척을 제외하고는 모두가 조선 수군의 주력함인 판옥선이었다. 거북선은 적의 지휘선을 공격하고 적 함대의 전열을 흩뜨리는 기동 돌격대 역할을 했고, 실제 전투는 판옥선이 담당했다.

오랫동안 조선 전함은 평선平船인 맹선이었는데, 왜선의 규모가 커지고 화력이 강해지자 이에 대응하기 위해 명종 10년(1555)에 새롭게 개발한 전함이 판옥선이었다. 판옥선은 2층으로 된 높은 배였으니, 왜구들이 쉽게 기어오를 수 없었다. 왜구들의 장기인 배에 올라 백병전을 전개하기가 쉽지 않은 구조였던 것이다. 또 높은 구조의 판옥선에서는 아래를 향해 활을 쏘기 유리했고, 함포의 포좌 또한 높아 명중률도 높았다. 판옥선의 승선 인원은 130명이나 됐으니, 노를 젓는 노꾼의 수가 많아 상황에 빠르게 대처할 수 있었다. 기동성과 견고함을 동시에 갖춘 전함이었던 것이다.

게다가 판옥선은 앞쪽뿐만 아니라 옆과 뒤에도 포를 장착하고 있었다. 판옥선은 속도가 느린 대신에 360도 급회전이 가능했다. 앞쪽에서 포를 쏘면 배가 바로 돌면서 옆쪽 포문에서 연달아 포탄을 쏟아냈고, 다시 뒤쪽, 옆쪽으로 쉬지 않고 이어졌다. 한 척이 앞쪽에서만 포를 쏘는 전함 몇 척의 몫을 해냈다. 이러한 판옥선에 날개를 달아준 것은 학익진이었다. 판옥선들이 학 날개처럼 펼쳐져서 왜선을 포위하고 연달아 포를 쏘아대니 왜선은 감당해낼 도리가 없었다. 조선 수군 전함 55척은 손실 없이 왜군 전함 73척 중 46척을 부수고 12척을 나포하는 대승을 거두었다. 그리고 이틀 뒤인 10일에는 창원 안골포에 있다 나온 왜선 42척과 마주 싸워 이 또한 섬멸시켰다.

한산해전은 조선이 수세에 있던 전쟁의 전세를 역전시키고 왜군을 이길 수 있다는 자신감을 심어준 전투였다. 임진왜란 3대 대첩의 하나라 평가하지만, 실상 한산해전은 세계적인 사건이었다. 당시 왜군의 전력은 막강했고 명나라 군대는 무능했다. 이순신 함대가 한산대첩에서 왜군을 격파하지 않았다면 파죽지세의 왜군은 그들의 호언대로 조선을 멸망시키고 명나라로 진격했을 것이다. 그 시절부터 이미 일본의 동아시아 식민지 지배가 시작됐을 개연성이 컸던 것이다. 그러므로 왜군의 야망을 좌절시킨 한산해전은 동아시아의 질서를 뒤바꾼 세계적인 사건이었다 해도 과언이 아니다.

한산해전 이후 도요토미 히데요시는 대대적인 함선 건조를 명하고 준비가 될 때까지는 조선 수군과 결전을 피하라는 명령을 내렸다고 한다. 한산해전 뒤 조선 수군 100척이 부산포를 공격한 적이 있었다. 하지만 왜선 5,000척 중 단 한 척도 싸우러 나오지 않았다. 이순신 함대에 대한 두려움 때문이었을 것이다.

한산해전이 갖는 해전사적 의미 중 하나는 이 전투에서 본격적인 함대함 진법이 등장했다는 점이다. 한산해전 전까지는 해전이라 해도 육전의 연장에 불과했다. 전함끼리 머리를 대면 배에 올라 일대일 전투를 했다. 100년의 전국시대를 거치는 동안 단병술과 칼싸움의 고수가 된 왜군에게 물고기 잡고 농사짓다 입대한 조선 수군은 상대가 되지 못했다. 이순신 장군은 함대함 진법을 통해 병사들끼리 직접 싸우지 않고 전함끼리만 싸우게 했다. 학익진 전법은 함대함 진법의 전형이고 근대적 전법의 시작이었다. 임진왜란 중 한산해전의 또 하나의 의미는 전면전에서 최초로 승리했다는 것이다. 한산해전 전에도 전투에서 승리하긴 했지만, 그것은 기습전이었다. 전면전을 통한 한산해전의 승리로 조선군은 자신감을 완전히 회복했다.

이순신이 기습전 전술을 버리고 위험 부담이 크고 아군의 사상자가 많이 날 수 있는 전면전을 택한 이유는 백성들 때문이었다 한다. 기습전을 하다 보니 왜군들이 배를 버리고 뭍으로 도망가면서 백성들을 살육했다. 그래서 바다 한가운데로 왜군을 불러내 전면전으로 몰살시키는 방법을 택했다. 불가피하게 기습전을 하는 경우에도 몇 척의 배는 남겨줬다. 도망갈 퇴로를 열어둔 것이다. 그래야 백성들의 피해가 적었다. 그 전투로 백성들이 희생될 것 같으면 왕의 명령도 단호히 거부했다. 백성을 위한다는 그것이 왕의 미움을 산 이유 중 하나이기도 했다. 왕에게 백성은 왕조를 위해 존재하는 것이었으니, 백성을 왕조보다 우위에 두는 이순신의 애민정신은 왕의 증오를 사고 불안을 부추기기에 충분했을 것이다.

오늘 전쟁의 흔적은 간데없고 한산도 바다는 더없이 맑고 푸르다. 인류의 사전에서 '전쟁'이란 단어가 사라지는 날이 올 수 있을까? 이순신 장군도 그런 날을 꿈꾸었을 것이다. 사람들은 흔히 이순신 장군을 전쟁 영웅이라 생각한다. 하지만 나는 장군이 전쟁 영웅은 아니라고 생각한다. 장군은 전쟁의 승리를 위해 싸우지 않았다. 백성의 안위를 지키기 위해 싸웠다. 그건 평화를 지키기 위한 고투였다.

흔히 전쟁 영웅들은 국가나 왕조를 위해 백성들을 희생시키는 행위를 정당화했다. 전쟁의 승리가 무엇보다 최우선이었다. 하지만 이순신 장군은 그들과 확연히 달랐다. 장군은 왕조의 존속보다 백성의 안위와 평화를 우선시했다. 그래서 끝내 무능한 왕의 눈 밖에 났고 핍박을 받았다. 그러니 장군은 전쟁 영웅이 아니라 평화 영웅이다. 그러므로 우리가 한산도에 가서 배워야 할 것은 장군의 평화 정신이고 애민사상이다. 더불어 잊지 말아야 할 것이 있다. 우리는 곧잘 간과하지만 장군이 공을 이룬 것은 수하 장병들의 희생이 있었기 때문이란 사실이다.

> 한 장수가 공을 이루려면 만 사람의 뼈가 마른다. 一將功成萬骨枯
>
> - 황송, 〈비전시非戰詩〉 중에서

통영 죽도

마지막 남은 남해안 별신굿 밥상

여객선이 종착지인 죽도에 다가서자 갑판이 떠들썩해진다. 매구(농악)판이 벌어졌다. 2019년 죽도 별신굿을 알리는 길놀이다. 해마다 정월이면 죽도에서는 남해안 별신굿이 열린다. 승객들을 내려준 여객선이 떠나자 올해는 별신굿에 앞서 점안식이 열린다. 마을회관 팽나무 옆에 돌장승 한 쌍이 새로 세워졌기 때문이다. 통영에서는 장승을 '벅수'라 부른다. 벅수에게는 아직 눈이 없다. 벅수에게 눈을 주는 점안식이다. 불교에서는 신앙의 대상에다 생명력을 불어넣는 종교의식을 '점안식' 혹은 '개안식'이라 한다. 불상이나 불화 등도 점안식이 행해진 다음에야 영험함이 깃들어 신앙의 대상이 된다. 점안식이 끝나면 벅수는 이제 단순한 돌조각이 아니다. 섬을 지키는 수호신이다.

별신굿판을 주도하는 것은 지모와 산이들이다. 황해도 배연신굿판에서 무녀를 무녀라 부르지 않고 '만신'이라 하듯, 남해안 별신굿에서도 무녀를 '지모' 혹은 '승방'이라 칭한다. 산이는 연주하는 악사다. 큰 악사인 대사산이는 지모와 산이를 길러내는 큰 스승이자 세습무다. 견습 무녀는 '젖지모', 큰 무녀는 '대모'라 칭한다. 오늘 굿판의 총 연출자인 대사산이 정영만 선생은 국가 무형문화재(제82-4호) 남해안 별신굿 보유자인데 거제·통영 세습무가의 11대 무巫다. 거제·통영 지역의 단골 판에는 박씨, 정씨, 노씨, 이씨 네 집안의 세습무가가 있었지만 이제 남은 집안은 정씨 무가뿐이다.

본격적인 굿판은 죽도 선창가에 임시로 세워진 천막에 마련된 제청祭廳 안에서 부정굿으로 시작한다. 제청과 마을의 부정한 것을 씻어내고 정결히 하는 굿이다. 죽도 별신굿이 전승될 수 있었던 것은 남해안 별신굿 보존회와 죽도 마을 주민들이 의기 투합한 덕이다. 남해안 별신굿은 통영과 거제 등 경상도 남해안 어촌 마을 곳곳에서 거행되던 대동굿이었다. 세습무의 굿 의식과 공동체가 결합해 만들던 음악, 무용, 연극이 어우러진 종합예술이었다. 지금은 대부분의 마을에서 별신굿이 사라지고 없다. 죽도 별신굿도 한때 존폐 위기에 빠졌지만, 2003년 섬 주민들이 남해안 별신굿보존회와 손을 잡으면서 되살아났다. 현재는 문화재청과 통영시의 지원으로 존속되고 있다. 독재정권 시절 공동체의 안녕을 도모하는 대동제인 마을 굿은 대부분 '미신 타파'라는 명목으로 궤멸되었다.

제청에는 죽도 주민들이
집집마다 정성껏 차려낸
밥상이 줄지어 있다.

남해안 별신굿 제사상

오후 4시부터 시작된 굿은 밤 10시까지 이어진다. 길다면 긴 공연이지만 지루할 틈이 없다. 우리 굿이 이토록 재미있는지 상상도 못 했다. 짜임새와 완성도가 높다. 제청에서는 가망굿, 제석굿, 탈놀이 등을 연달아 공연한다. 연희자와 관객이 소통하는 행위 예술인 셈이다. 들맞이 당산굿은 당산신을 제청으로 초청하는 굿이다. 가망굿은 날씨를 주관하는 가망신에게 바치는 굿이고, 제석굿은 가망신과 부부인 제석신에게 바치는 굿이다. 제석신은 마을 사람들의 재수와 수명, 다산, 풍요를 관장하는 신이다. 오늘의 마지막 공연은 탈놀이다. 별신굿판에서 벌어지는 놀이문화 중 하나다. 할매탈, 승려탈을 쓴 이들이 나와 탈놀이를 한다. 할매탈을 쓰고 나온 광대가 죽도의 여신인 당산 할매의 말씀을 전한다. 중광대 놀이도 흥미롭다. 이제 죽도의 밤이 깊었다. 주민이나 외지 손님만이 아니라 신들에게도 휴식은 필요하다. 그래야 또 각자의 업무를 관장할 힘이 생길 것이니!

두 번째 날, 죽도의 새벽이 밝았다. 굿판은 6시부터 시작된다. 지모와 산이들이 당산에 올라가 산신제를 지낸다. 당산 할매에게 제물을 바치며 섬이 평안하고 무탈하도록 보살펴주십사 기원한다. 당산에서 내려온 지모와 산이들은 매구패를 앞세우고 마을 골목에도 제를 드린다. 골메기굿이다. 옛날 섬에 물이 얼마나 귀했던가. 그래서 생명수인 우물에서 우물굿을 하고, 재앙을 막아주는 벅수 앞에서 벅수굿을 하고, 집집마다 돌며 지신밟기를 해서 잡귀를 땅에 묻고, 바닷가에 나와 풍어와 바닷길의 안녕을

별신굿 제사상에 올라온 도미찜

별신굿 제사상에 올라온 계란

기원하는 선왕굿과 용왕굿을 한다. 용왕과 마을 신들을 제청으로 초청하는 것으로 골메기굿이 끝나고, 비로소 큰굿이 시작된다. 지동굿이다.

제청에는 죽도 주민들이 집집마다 정성껏 차려낸 밥상이 줄지어 있다. 섬이 쇠락하면서 한때는 80개까지 차려졌던 밥상이 이제는 20여 개로 줄었다. 별신굿이 사라지면 수백 년 동안 이어온 섬의 토속 음식도 사라질 것이다. 개불꼬치, 문어초, 바지락 오가재비, 군소꼬치…. 별신굿이 아니면 이런 음식을 어디에서 볼 수 있으랴. 별신굿은 그냥 굿이 아니라 섬의 전통문화를 이끌어온 견인차다. 섬의 전통문화와 토속 음식은 사멸해 가는 섬을 재생시킬 처방전이다. 국가 차원의 전폭적인 지원책이 마련돼야 마땅하나 현실은 암담하다.

남해안 별신굿은 모두 열두거리나 되지만 지동굿이 포함돼야 큰굿이라 한다. 동네를 태동시킨 동대부신을 모시는 굿이다. 큰 머리를 쓴 대모

(큰 지모)가 주도한다. 굿판 상석에 앉은 마을 원로들 앞 탁자에는 오래된 궤짝 하나가 놓여 있다. 지동궤다. 삼도수군통제영 시절부터 마을에 내려온 중요한 문서와 회의 기록 들이 담긴 궤짝이다. 300년 동안의 기록이 모여 마을의 역사가 됐고 규범이 만들어졌으니 보물 궤짝이다. 『조선왕조실록』 못지않은 '죽도실록'이다. 지동굿은 지동궤를 활짝 열어놓고 펼쳐지는데 손님풀이, 고금역대, 황천문답, 축문, 환생탄일, 시왕탄일 등으로 구성된다. 마을 조상의 음덕을 기리고 마을 사람들의 근본을 되새기는 굿이니 어느 굿거리보다 중요한 큰굿이다. 지동굿은 별신굿의 대모인 이선희, 공임정 두 무녀가 큰 머리를 쓰고 주도하는데, 그 위엄이 압도적이다.

주민과 관객 들은 굿하는 대모에게 다가가 소원을 빌고 덕담을 듣는다. 사람들은 잠시의 위안만으로도 한 해를 살아갈 힘을 얻는다. 굿거리 하나가 끝나자, 무녀는 관객들에게 제상 앞에 엎드리라고 청한다. 엎드린 사람들의 등을 마른 대구로 때린다. 나쁜 기운을 몰아내는 의식이다. 귀에는 종이를 붙인 뒤 불을 붙였다 얼른 끈다. 몸에 붙은 재액을 태워 없애는 정화 의식이다. 이를 별신굿에서는 '공사 받는다'고 표현한다. 무당은 마음의 병을 치유하는 치료사다. "아픔도 없고 슬픔도 없고 하는 일마다 잘 되세요." 대모의 음색에 신령이 깃들어 있으니 어찌 치유되지 않을까. 굿판은 나눔의 잔치다. 아픔을 나누고 슬픔을 나누고 서로의 무사 안녕과 복을 빌어주는 잔치다. 무녀는 능란한 상담가 같다. 무녀의 음성은 신의 말씀을 전달하는 공수요 신탁이다. 무녀가 손에 쥔 신장대를 통해 전해지는 신의 목소리다.

한국 무속은 한강 이북이 강신무, 한강 이남이 세습무다. 무巫(샤먼)의 특성은 엑스터시Ecstasy, 트랜스Trance, 포제션Possession이다. 엑스터시는 탈혼, 즉 영혼의 타계 여행이다. 트랜스는 의식 변화의 첫 단계로 단순 변환 상태다. 트랜스를 통해 두 번째 단계인 엑스터시나 포제션 상태로 발전한다. 포제션은 빙의다. 엑스터시 타입은 시베리아, 포제션 타입은 남아시아, 아프리카, 북아메리카 등지에 주로 분포한다. 한국의 강신무는 포제션 타입이다. 세습무는 '단골'이라고도 하는데, 혈통을 따라 이어지며 단골판이라는 일정한 관할 구역이 있다. 단골은 반드시 신의 하강로인 신간을 갖추고 신의 메시지를 받지만, 어떤 신을 모신다는 구체적인 신관은 희박하다.

제청에서 굿판이 끝나고 오늘 별신굿의 마지막인 '개갈이'가 시작된다. 개는 마을 앞바다를 말한다. 개의 물을 새롭게 갈아주는 굿. 섬 주민과 산이들은 용왕님께 바칠 제물을 만선기를 단 어선에 가득 싣고 앞바다로 나간다. 어선이 마을 앞바다를 세 차례 돌며 제물과 음악을 바치는 동안 뭍에 남은 주민들은 용왕님께 마을의 안녕과 풍어를 빌고 또 빈다. 이로써 죽도 마을 대동굿인 별신굿이 끝났다. 옛날 섬이 삼치잡이로 융성하던 시절에는 별신굿판이 일주일씩 이어지기도 했지만, 이제는 이틀도 벅차다. 우리 섬의 현실이고 우리 전통문화의 아픔이다.

죽도는 한때 통영에서도 부자 섬으로 유명했다. 어업에 일찍 눈 떴던 죽도 주민들은 1970년대에 삼치를 잡아 일본 수출액 1억 원을 달성하기도 했다. 1973년에는 섬에 40~50척의 어선이 있었고 전복, 소라 등의 해산물도 풍성했다. 그래서 주민은 516명이었는데 제주 해녀가 120명이나 들어와 채취하기도 했다. 채취한 해산물은 배 주인이 40퍼센트, 해녀가 60퍼센트를 가졌다. 1975년에는 죽도의 새마을금고 기금이 1억 원을 돌파했다. 새마을금고중앙회에서 전체 2등을 했으니 그야말로 돈 섬이었다. 하지만 지금 죽도는 노인 30여 명이 사는 쇠락한 섬이다.

이 나라 섬에는 유독 여신이 많은데, 죽도의 주신 또한 여신인 당산 할매다. '당산 조모'라고도 한다. 죽도 당산 아래에는 자연적으로 생긴 200여 평의 못이 있는데, '방죽못' 혹은 '당중못'이라고도 한다. 이 방죽못에는 여름철이면 당산 할매가 내려와 목욕을 하고 갔다는 전설이 서려 있다. 안개 낀 여름날 새벽 방죽못에는 서기가 피어오르고 당산 할매 목욕하는 물소리가 들려오고는 했다. 그래서 주민들은 이 방죽못을 신성시해 늘 깨끗이 청소하고 소중히 여겼다. 옛날 어떤 사람이 오줌 바가지를 씻었고 또 어느 여인은 구정물을 부었다가 당산 할매의 노여움을 사서 화를 당했다는 이야기도 전한다. 당중못은 아무리 가물어도 마른 적이 없다. 주민들의 농사와 생활에 참으로 소중한 못이었다. 그래서 그만큼 신성시했을 것이다. 인구가 많을 때는 땔감이 부족했지만, 당산의 나무에는 손도 못 댔다. 2만 평의 당산이 잘 보존된 이유다. 죽도의 별신굿이 지금껏 이어지는 이유이기도 할 터다.

우이도 돈목

배를 타고 가는 사막,
섬 속의 사막

섬 속에 사막이 있다. 신안의 섬 우이도에는 80미터 높이의 사막이 있다. 섬사람들은 '산태'라 부르고 학자들은 '풍성사구'라 부른다. 우이도 돈목과 성촌 해변 사이에 있는 산태는 바람의 손길이 만들어낸 우이도의 상징이자 우이도를 세상에 알린 주역이었다. 섬 속의 사막이라는 이국적 풍경은 여행자들을 불러 모은 동력이었다. 오랜 세월 산태는 주민들의 골칫거리였다. 바람이 불면 몰아치는 모래 때문에 생활하기 힘들었다. 오죽했으면 "우이도 처녀 모래 서 말 먹어야 시집간다"는 속담까지 생겼을까. 그래서 골재로 팔릴 뻔도 했다. 그런 산태가 명성을 얻으면서 골칫거리가 보물이 됐다. 한동안은 이 사막의 풍경을 보기 위해 한 해 3만 명씩이나 찾아들었다.

산태를 배경으로 유지태·김지수 주연의 영화 〈가을로〉(2006)가 제작되기도 했으니 섬 속의 사막은 내륙인들의 노스텔지어를 자극했던 셈이다. 산태에는 애틋한 전설도 전해져 신비감을 더한다. 그 옛날 돈목 마을 총각과 성촌 마을 처녀가 사랑에 빠졌다. 둘은 사람들의 눈길을 피해 산태 그늘 아래에서 만나 사랑을 나누곤 했다. 그러던 어느 날 총각이 나오지 않았다. 어선을 타고 나간 총각이 풍랑에 목숨을 잃고 말았다. 처녀는 슬픔을 이기지 못해 바다에 몸을 던졌다. 그 후 산태에는 슬픈 사랑 이야기가 깃들었다. 죽은 총각은 바람이 되고 처녀는 모래가 되었다 했다. 그래서 두 연인이 만나 사랑을 나눌 때마다 산태에는 모래바람이 휘몰아치는 것이라 했다.

우이도에는 산태만 있는 것이 아니다. 산태의 명성에 가려 드러나지 않았던 보물도 많다. 무엇보다 큰 보물은 여섯 개나 되는 백사장이다. 해변들은 산태 못지않은 비경인 데다 모두 해수욕하기에 적당한 수심을 갖추고 있다. 우이도에서는 해변을 '장골'이라 한다. 그래서 돈목해변은 돈목장골, 성촌해변은 성촌장골, 띠밭넘어해변은 띠밭넘어장골이다. 나머지 세 개는 돈목에서 도리산 가는 길에 있는 작은 해변들인데 장칠·장고래미·넙번지 장골이다. 이 세 곳은 마을에서는 눈에 띄지 않는 비밀 해변이기도 하다. 돈목·성촌 해변은 제법 이름난 해수욕장이지만 해변 중에서도 압권은 띠밭넘어해변이다. 이 드넓은 해변에는 인공 구조물이 없다. 야생의 모습 그대로다. 진리 마을에서 염소들이 풀을 뜯고 있는 목초지 언덕

우이도는 봄철에

가장 풍성한 밥상을 받을 수 있다.

민박집 아침 밥상

농어회

민어회

을 넘어서면 띠밭넘어해변이 펼쳐지는데, 전봇대 하나 없는 해변은 시원의 세계로 시간 여행을 떠나온 듯한 착각을 불러일으킨다.

돈목 마을 민박집에 들었다. 우이도에는 식당이 따로 없다. 민박집에 묵어야만 식사를 할 수 있다. 집집마다 각기 다른 밥상을 받아볼 수 있으니, 이 또한 여행의 묘미다. 오늘 민박집 밥상은 진정한 섬 밥상이다. 우이도 인근 해역은 어장이 좋아 철철이 다양한 생선이 잡힌다. 늘 싱싱한 생선을 맛볼 수 있다. 우이도 밥상에는 그야말로 산해진미가 다 모인다. 우이도는 해산물과 산야에서 나는 나물이 풍성한 데다 육지와 멀어서 대부분 섬 자체 생산물로만 밥상을 차린다. 그래도 부족함이 없기 때문이다. 진정한 로컬푸드고 제철 밥상이다.

그물에서 막 건져 온 살찐 농어회와 감성돔회와 농어맑은탕, 거기다 한창 꽃대 올라가는 시금치꽃대나물, 모래밭에 깊이 뿌리내리고 있어 삽

바옷묵

자연산 돌김

을 써야만 캘 수 있는 방풍뿌리무침. 방풍잎이야 흔하지만 이 뿌리는 참으로 귀한 약재다. 고사리나물, 파래무침, 어느 것이나 이 봄 우이도의 산과 바다와 들에서 나는 것들이다. 다들 단맛이 들 대로 들어 조미료나 설탕 없이도 달디달다. 먹을 것이 워낙 풍성해 자연산 마른 우럭찜 같은 것은 뒷전이다. 고소하고 찰진 농어회는 아삭한 감성돔회로 가는 손길을 방해한다. 봄이면 뭍에서는 좀처럼 맛보기 어려운 자연산 농어가 많이 잡히지만, 활어 상태로 뭍으로 내보낼 길이 없어 대부분 말린다. 맛의 보고 우이도는 봄철에 가장 풍성한 밥상을 받을 수 있다.

우이도 진리

조선시대 세계 여행자, 문순득이 살던 마을

우이도 진리 마을에 가볍게 차려진 민박집 점심상. 평범한 백반을 시켰는데 꽃게찜과 민어찜이 반찬으로 나왔다. 섬은 밥상이 보배다. 이 보배스런 밥상은 민박집이기에 가능하다. 섬에 가는 이들이 민박집에 묵어가길 권하는 이유는 바로 밥상 때문이다.

우이도란 이름은 섬의 서쪽 양단에 두 개의 반도가 돌출한 것이 소귀 모양처럼 생겼다 해서 붙여진 것이다. 그래서 '소구섬', '우개도'란 이름으로도 불렸다. 옛날에 흑산진 산하 수군이 주둔하던 우이보가 있던 진리 마을이 지금도 섬의 행정 중심지다. 그래서 면 출장소가 있다.

하지만 진리 포구는 드나드는 사람이 적다. 우이도에 오는 여행객은 모두 모래언덕이 있는 돈목이나 성촌으로 가기 때문이다. 진리 포구에 구

평범한 백반을 시켰는데

꽃게찜과 민어찜이

반찬으로 나왔다.

민박집 점심 밥상

수한 젓갈 냄새가 진동한다. 멸치젓갈을 삭히는 드럼통 여섯 개가 나란하다. 섬에 다니면 가장 흔하게 접하는 이름이 진리, 진촌, 읍리, 읍동 등이다. 읍동은 고려 때 섬의 행정 관청이 있던 마을이고 진리는 조선시대 수군이 주둔하던 마을이라고 보면 된다. 비금도에는 효자비가 많더니, 우이도에는 열녀비가 여럿이다. 밀양박씨, 상원김씨 열녀비가 길가에 정렬해 있다. 상원김씨 열녀비는 열녀상이 마리아상을 닮아 화제가 돼 방송에도 소개됐다. 후손이 천주교 박해로 우이도에서 유배살이 했던 손암 정약전의 영향을 받은 천주교 신자였던 것은 아닐까 싶다.

진리에는 두 개의 선창이 있다. 여객선이 출입항하는 새 선창과 마을 입구에 있는 옛 선창이다. 옛 선창은 한국 해양문화사에서 중요한 유물 중 하나다. 우이 선창은 이 땅에 현존하는 가장 오래되고 원형이 잘 유지된, 거의 유일한 옛 선창이다. 영조 21년(1745) 3월에 완공됐으니 물경 300년 남짓 된 것이다. 개발의 바람이 비껴간 먼바다 낙도라 보존이 가능했다.

우이 선창은 포구와 방파제, 배를 만드는 선소 기능까지 했던 곳이다. 선창 안 중앙에는 계주목(벼리목)이 있는데, 배를 고정시키는 시설물이다. 요즘 만드는 방파제도 태풍 한번이면 무너지기 일쑤인데 우이 선창은 300년 동안이나 본 모습을 잃지 않고 있다. 현재 우리의 토목 수준을 보여주는 증표이기도 하다. 우이 선창은 전라남도 기념물 제243호로 지정되어 있다. 국보급 문화재가 겨우 도 기념물이라니, 우리는 얼마나 바다와 섬과 해양사를 천대하고 있는가. 부끄러운 일이다.

순조 1년(1801) 제주도에 한 척의 배가 표류해 왔다. 배에는 5명이 타고 있었지만, 말이 통하지 않아 어느 나라 사람인지 알 수 없었다. 조선의 조정에서는 청나라 사람이라 여기고 심양으로 송환했지만, 청나라에서는 자기 나라 사람이 아니라며 다시 조선으로 돌려보냈다. 표류인들은 9년 동안이나 제주도에 억류됐다. 그런데 1809년 이들 앞에 구세주가 나타났다. 우이도에 사는 문순득이었다. 이들은 여송국呂宋國(필리핀) 사람들이었는데, 문순득이 여송국 언어를 알고 있었다. 표류인들은 고향으로 돌아갈 수 있었다. 『조선왕조실록』「순조실록」에 나오는 이야기다. 그런데 머나먼 외딴섬 우이도에 살던 문순득은 어떻게 필리핀어를 알았던 것일까?

문순득 또한 표류 경험이 있었다. 우이도 출신 홍어 장수 문순득(1777~1847)은 1801년 12월 흑산 홍어를 사서 싣고 영산포로 가다가 표류해서 외국의 여러 나라를 떠돌다 4년 만에야 고향으로 돌아왔다. 홍어 장수 문순득이 홍어를 사러 갔던 곳이 신안군 태도군도의 서쪽, 서바다이다. 홍어잡이 배들이 태도 바다에서 잡은 홍어를 문순득 같은 상인들은 도매로 사서 영산포로 싣고 나가 팔았던 것이다. 상·중·하 세 개의 섬으로 이루어진 태도는 당시 '태사도太砂島'라 했다.

태사도에 갔다 돌아오는 길에 풍랑을 만나 표류한 문순득 일행은 유구국琉球國, 현재의 오키나와까지 흘러갔다. 문순득 일행은 유구국에서 3개월을 머물다 조선으로 돌아가기 위해 중국행 배를 탔는데, 다시 풍랑을 만나 여송국의 마닐라까지 표류해 갔다. 문순득은 여송국에 9개월 동안 머물다가 마카오, 광둥, 난징, 베이징을 거쳐 1805년 1월에야 고향 우이도로 돌아갔다.

역사에 묻힐 수도 있었던 문순득의 표류담이 오늘날까지 전해지게 된 것은 당시 우이도에서 유배살이를 했던 정약전 덕분이다. 다산 정약용의 형이자 『자산어보』의 저자인 정약전은 천주교도와 진보적 사상가 100여 명이 처형되고 400여 명이 유배됐던 신유박해(1801) 때 흑산도 유배형에 처해졌다. 정약전은 흑산진 관할이던 흑산도와 우이도를 오가며 유배 생활을 했는데, 문순득이 귀향한 1805년에는 우이도에 살고 있었다. 문순득은 정약전에게 표류담을 전했고 정약전은 이를 기록한 『표해시말漂海始末』이라는 책을 남겼다. 책에는 문순득이 경험한 동아시아 지역의 풍속과 생활상, 언어 등에 대한 정보가 담겨 있다. 오키나와 지역의 장례 문화와 전통 의상에 대한 기록도 있고, 당시 필리핀 사람들이 닭싸움을 좋아했다는 정보도 있다. 귀중한 사료다.

문순득의 표류담은 정약전의 동생 정약용에게도 전해졌다. 정약용은 문순득이 마카오에서 보고 온 화폐제도를 참고해 『경세유표經世遺表』(1817)에 화폐제도 개혁안을 남겼다. 정약전은 문순득에게 개국 이래 해외 여러 나라를 최초로 보고 돌아온 사람이란 뜻으로 '천초天初'라는 자字를 지어주었다. 물론 문순득이 외국을 표류했다 귀환한 최초의 사람은 아니다. 조선 중기의 문신 최부(1454~1504)나 제주도 유생 장한철(1744~?) 또한 항해 중 표류를 경험하고 표해록을 남겼다. 그 밖에 기록으로 남지 않은 수많은 어부나 뱃사람 들의 표류도 있었을 것이다. 하지만 정약전과의 만남으로 문순득은 자신의 표류담을 후세에 전할 수 있었고, 우리는 그 덕에 그의 이야기를 전해 들을 수 있게 됐다.

정약용은 문순득이 여송국까지 표류했다가 살아 돌아왔다는 뜻으로 문순득의 아들에게 '여환呂還'이란 이름을 지어주기도 했다. 정약전 사후인 1818년에는 정약용의 강진 유배 시절 제자 이강회가 우이도로 문순득을 찾아가 외국 선박에 대한 이야기를 듣고 우리나라 최초의 외국 선박에 관한 논문인 「운곡선설雲谷船說」을 썼다. 이강회는 정약전의 『표해시말』과 자신이 쓴 「운곡선설」 등을 묶어 〈유암총서柳菴叢書〉를 남겼다.

정약전이 최후를 맞이한 곳도 우이도다. 순조 14년(1814) 여름, 다산은 유배에서 풀려날 것 같다는 소식을 접하고 형을 만나러 흑산도에 가겠다는 전갈을 보냈다. 하지만 정약전은 "나의 아우로 하여금 나를 보기 위하여 험한 바다를 건너게 할 수 없으니 내가 우이보牛耳堡에 가서 기다리겠다"고 한 뒤 우이도로 떠나려 했으나 흑산도에 남아주길 간청하는 주민들의 만류로 1년여를 더 흑산도에 머물렀다. 1816년 다시 우이도로 건너온 정약전은 결국 동생인 정약용을 만나지 못하고 우이도에서 숨을 거두었다. 진리 마을에는 홍어 장수 문순득이 살았던 집이 아직도 남아 있다. 문순득이 살던 집은 근래까지도 후손들이 살았으나 지금은 빈집이 되었고, 정약전이 살던 집은 터만 남았다.

만재도

외딴섬에 숨어 사는 사내처럼

만재도 바닷가 민박집에서 차려주는 저녁 밥상을 받았다. 술상이 아니라 밥상인데도 갓 잡아 온 놀래미회가 올랐다. 섬에서는 생선회가 한 끼 밥반찬이다. 아침부터 생선회 반찬을 내주는 집도 자주 봤다. 방송에 나오면서 유명세를 탔던 만재도 거북손도 있다. 무엇이나 그렇지만 갯바위에서 바로 채취해 온 거북손은 특별하게 달고 고소하다. 게살만큼이나 부드럽다. 간혹 도시의 술집에서 맛볼 수 있는 거북손과는 비교 불가다. 채소도 밭에서 바로 뜯어 온 것이 더 맛있는 것과 같은 이치다. 음식의 재료는 선도에 따라 맛도 극과 극이다.

여독 때문이었을까? 술을 마시지 않았는데도 일찍 잠이 밀려왔다. 밤새 바람이 불고 파도 소리가 끊이지 않았다. 파도가 밀려와 짝지밭을 때

섬에서는 생선회가

한 끼 밥반찬이다.

민박집 저녁 밥상

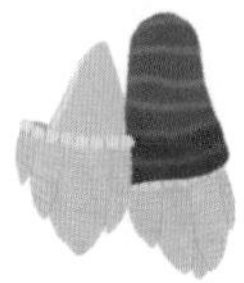

릴 때마다 쫘르르르 쫘르르르 갯돌 구르는 소리가 들린다. 냉장고 돌아가는 작은 소음에도 뒤척이며 잠 못 드는 예민한 청각이 파도 소리에는 무감하다. 기계음과 자연음의 차이이다. 자연의 소리는 아무리 커도 소란스럽지 않다. 밤새 철썩이는 파도 소리에도 편안한 잠에 빠진 것은 그 때문이다.

방송을 통해 널리 알려졌지만, 만재도는 목포에서 뱃길로 가장 먼 신안의 섬이다. 행정구역 개편으로 흑산면에 소속되기 전까지 만재도는 진도군 조도면에 속해 있었다. 그래서 노인들은 아직도 진도로 내왕하던 시절에 대한 추억담이 많다. 먼 데 섬이라 해서 혹은 재물을 가득 실은 섬이라 해서 혹은 해가 지고 나면 고기가 많이 잡힌다 해서 만재도라는 이름을 얻었다지만, 내력을 확인해줄 사람은 없다.

민박집에서 아침을 먹고 마을 앞 정자로 나오니 그 사내가 있다. 정자에 나온 노인들이 밥은 안 먹고 술만 마신다고 걱정하던 사내다. 사내는 수숫대처럼 깡말랐다. 사내는 물고기 잡는 그물을 고정시킬 돌을 로프로 감고 있다. 돌은 닻 역할을 한다. 사내의 고향은 강원도 고성인데 집은 삼천포다. 사내는 주낙배를 타러 만재도까지 흘러들어 왔다. 가거도의 선주도 오라고 했지만 의리 때문에 만재도로 왔다고 사내는 자랑이다.

젊은 날 사내는 통발배를 타고 대마도까지 갔었다. "육지 가면 술만 퍼묵고, 여도 술이 있지만. 그래서 잘 안 나가요. 육지는 골이 아퍼요. 그냥 수양 삼아 섬으로만 다녀요." 사내는 배를 타지 않는 어한기에도 섬을 떠나지 않는다. "사연 없는 사람이 누가 있겠어요." 사내는 좀처럼 지난 일을 이야기하지 않는다. "내가 육지 나가면 조선 팔도를 다 돌아다닙니다." 사내는 고향 고성 화진포를 떠나 부산에서 국민학교를 마쳤다. "여는 밤만 되면 적막강산입니다." 사내는 마시고 남은 됫병 소주를 담장 밑에 숨기고 허위허위 마을 길로 사라진다.

섬에서 나서 섬 밖으로 한번 나가보지 못한 사람도 뭍의 사람들이 겪는 일을 다 겪고 살다 간다. 세상 온갖 풍파에 떠밀려 다니던 저 사내도 끝내 섬이 되지 않았는가. 섬에 있어도 섬을 떠나도 사람은 삶에서 터럭만큼도 벗어날 수 없다. 그래서 삶이란 것이 외딴섬으로 숨어들어 한 세월 살다 가는 사내처럼 외롭다.

하태도

보살의 밥상

사내는 35년 만에 고향 섬으로 돌아왔다. 객지를 떠돌며 오랜 세월 원양어선도 타고 외항선도 탔다. 선원 생활에 이골이 난 사내는 귀향한 뒤 작은 어선을 한 척 사서 선장이 됐다.

"나이 더 먹기 전에 고향서 양식장이나 해보자고 들어왔습니다." 하태도의 어선이자 양식장 관리선인 천수호 선장님 이야기다. 선장님은 전복 양식을 하면서 철마다 다른 물고기를 잡는다. 난바다의 섬에서 전복 양식이 가능한 것은 하태도 앞바다에 만이 형성되어 풍랑으로부터 안전하기 때문이다. 하태도에서는 8~9가구가 전복 가두리 양식을 하는데 10여 년 동안 큰 피해가 없었다. 천운이다. 어류는 농어나 우럭, 열기 등속이 많이 잡히는 편이다. 부지런히 노동하며 살기 때문일까. 선장님은 67세지만 청년처럼 허리가 빳빳하다.

고향 섬에 돌아오길 백번 잘했다고 생각하시는 선장님. “아주 흐뭇합니다. 나이 먹으면 외항 선원도 못 해요. 이 일은 내 맘대로 하니 좋아요. 지금도 고기를 잡을 만큼 잡았다 싶으면 내 맘대로 들어와버려요. 내 돈 벌어서 내가 쓰고 싶은 대로 쓰고…. 이 나이에 육지 있으면 자식들 눈치나 보고 아무것도 못 해요.”

외항선을 탔으니 외국도 많이 돌아다녔다. 그런데 돈을 모으지 못했다. 60여 개 나라를 다녀왔다는 기억밖에 없다. “그토록 오래 배를 탔으면서도 어째서 돈을 못 버셨어요?” “그걸 어떻게 말로 다 하겠소!” 선장님은 허허롭게 웃으며 말을 잇는다. “술 좋아하니까. 술 좋아하면 여자 좋아하잖소.” 술과 여자뿐일까. “일본 가면 빠찡고, 유럽 가선 카지노, 허황된 생활을 참 많이 했어요.”

돈은 버는 족족 술집이랑 도박장에 다 가져다줬다. 집에는 빈털터리가 돼서 가끔 들르곤 했을 뿐이다. 그런데도 “여태 도망가지 않고 살아준 마누라가 눈물나게 고맙다”. 뒤늦게 철이 드신 걸까. “청상과부나 마찬가지였소. 배 타고 나가 1년 있다 오고 2년 있다가도 오고, 그래 봐야 집에 두어 달 있다 다시 나가고. 20년 동안 그 생활을 했으니…. 난 그저 바람이나 피고 돌아다니고, 마누라는 그걸 뻔히 알면서도 참고 살아줬죠.”

그렇게 밖으로만 떠돌던 남편이 외항선 생활을 그만두고 집에 돌아와서 대뜸 머나먼 고향 섬으로 돌아가자 했을 때 아내는 기가 찼다. 처음에는 절대 섬에 내려가지 않겠다고 했다. 하지만 이제는 선장님의 아내도 '대만족'이다. 부부는 부족함 없이 넉넉하게 살고 있으니 더 이상 바랄 게 없다. 노부부는 되도록 일을 적게 하려고 한다. 필요한 만큼만 벌고 자족할 줄 안다. 더 욕심내며 살아봤자 무엇하겠는가. 그래서 부부는 틈만 나면 육지로 여행을 떠난다. 주로 자식들한테 갔다 오지만, 그때 영화도 보고 여행도 다니고 노년의 여유를 즐긴다.

여름철이면 자식들도 휴가를 보내러 섬으로 온다. 하지만 그 뒤치다꺼리도 만만치 않다. 그래도 그 또한 기꺼이 한다. 고향이라고 찾아와주는 것만으로도 얼마나 고마운 일인가. "여름이면 머리가 아파요. 지 새끼들만 오면 괜찮은데 다른 사람들까지 달고 오면 고역이에요, 고역. 그래도 어쩌겠어요. 자식들한테 해주는 것같이 잘해줘야지."

전남 신안군 흑산면 하태도는 태도군도의 섬 중 하나다. 태도군도는 육지에서 아주 먼 낙도다. 태도군도에서 16킬로미터만 더 가면 국토 최서남단 가거도이니 이 섬들 또한 중국의 닭 우는 소리가 들릴 정도로 중국과 가깝다. 태도군도에는 상태도, 중태도, 하태도 세 개의 유인도가 있다. 흑산도에서 유숙한 뒤 하태도로 건너왔다. 난바다를 지나야 하는 흑산면의 섬들은 자주 끊기는 뱃길로 인해 육지 사람의 접근이 쉽지 않다.

이 섬들은 육지에서 워낙 먼 데다 특별한 볼거리도 없어서 관광객이나 여행자 들도 거의 오지 않는다. 여름 피서 철을 제외하면 낚시꾼들이나 간간이 찾아오는 외로운 섬이다. '태도'라는 이름은 해태가 많이 나는 섬이라 해서 붙여졌다. 전라도 섬 지역에서는 김을 '해태'라 한다. 김에서 이름이 유래됐지만, 실상 태도 서쪽 바다는 흑산 홍어의 최대 어장이었다. 어부들이 '태도 서바다'라 부르는 대청도, 백령도 부근 바다에서 어군을 형성하던 홍어들은 산란을 위해 태도 서바다를 찾아온다. 이때 잡히는 홍어를 진짜 흑산도 홍어로 쳤다. 선장님도 어린 시절 서바다에서 나는 크나큰 홍어들을 직접 보고 자랐다.

"서바다에서 나는 그 홍어가 진짜예요. 암치 하나가 12~13킬로그램까지 나갔는데 지금은 많이 나가야 7~8킬로그램밖에 안 돼요. 그게 진짜 원조 홍어였어요. 지금은 대청도, 백령도에서 잡아 오죠. 그러니 진짜 흑산 홍어가 아닌 셈이죠."

옛날 태도 사람들은 홍어 등의 물고기 외에도 미역이나 돌김 같은 해산물을 목포나 영산포로 가져다 팔고 식량을 사 먹었다. 농사지을 땅이 좁고 척박해 보리나 고구마를 조금 심었을 뿐 늘 식량이 부족했다. 결국 태도 바다의 수산물이 주민들을 먹여 살린 것이다. 지금도 돌김은 태도의 주요한 특산물이지만, 김보다는 돌미역이 많이 나고 수입도 크다. 돌미역은 주로 해녀들이 물질해서 따다 말려 뭍으로 내보낸다.

어선의 어구 정리가 끝나자 선장님은 집으로 같이 가자고 하신다. 점심시간이니 점심을 함께하자는 것이다. 염치 불고하고 선장님을 뒤따라간다. 선장님 집 마당에서는 생선 손질이 한창이다. 동네 할머니들이 모여 우럭(검팽이)이랑 열기(불볼락) 등의 배를 따는 중이다. 그 모습을 카메라에

담으려니 할머니들이 더 적극적이다.

"사진 좀 많이 찍어다가 손님 좀 많이 오게 해주씨오." 외지에서 오는 사람이 귀한 곳이라 반기시는 듯하다. 생선은 손질한 뒤 소금 간을 해서 냉동해두었다가 주문하는 사람이 있으면 택배로 보내준다.

선장님 집 현관은 온갖 화초들로 화원을 방불케 한다. 안주인의 솜씨다. 남편이 밖으로만 돌고 집을 돌보지 않을 때 아내는 내내 화초들을 가꾸며 거기에 정을 쏟았던 것이리라. 어찌나 애지중지 기른 것인지 화초마다 반들반들 윤기가 흐른다. 선장님은 회한이 크다. "어렵게 살았죠. 부산서만 27년을 살았제. 사는 게 사는 게 아니었죠. 제대로 한번 떳떳하게 못 살아보고. 내가 그렇게 만들었지. 조금만 협조하면 되는 걸…"

안주인은 점심을 준비하느라 부엌에서 생선을 굽고 매운탕을 끓이고 분주하다. 뒤늦게라도 행복을 찾은 것이 선장님은 뿌듯하다. "떳떳하니 우리들이 벌어갖고 우리 쓰고 오히려 자식네들한테도 쓰고. 목포 나가면 목포 사는 애들 고기도 사주고. 즈그 한 번 사면 우리도 한 번 사고. 부모로서 최고로 떳떳한 시기지 싶어요. 내가 성질이 칼칼해가지고 내가 못 사주면 자식네한테도 안 가요, 다음에야 어떻게 될망정. 그래서 자식들한테도 큰소리치고 살아요."

벌이는 좋지만 외딴섬살이가 마냥 좋은 것만은 아니다. 교통이 불편한 것이 그중 가장 큰 어려움이다. 그래도 격일로 배가 다니던 것이 이제는 매일 한 번씩 다니니 그것만으로도 감사하다. "날씨만 좋으면 돼요. 교

금방 한 따뜻한 밥에

열기구이와 우럭매운탕, 전복장조림까지

진수성찬이다.

선장님댁 점심 밥상

통이 얼마나 좋아졌다고요. 하늘과 땅 차이죠."

내해의 섬들은 하루 서너 번씩 배가 다녀도 교통이 불편하다고 하소연이지만, 이 먼 섬에서는 하루에 배가 한 번씩 다녀주는 것만으로도 천지개벽한 것처럼 고맙다. 행복은 늘 상대적이다. 하지만 겨울에는 여전히 육지와의 교통이 쉽지 않다. 계절풍이라도 불면 열흘씩 배가 못 뜨는 일도 예사다. 섬살이의 애환이지만, 이 또한 섬의 숙명이니 받아들이는 것밖에 달리 도리가 없다.

점심상이 차려졌다. 금방 한 따뜻한 밥에 열기구이와 우럭매운탕, 전복장조림까지 진수성찬이다. 배가 고파 염치 불고하고 밥그릇과 반찬들을 싹싹 비운다. 작고 외딴섬에는 대부분 식당이 없다. 하지만 나는 그런 섬에서 한 번도 밥을 굶은 적이 없다. 어느 큰 섬의 식당에서보다 맛나고 풍성한 밥상으로 배를 채웠다. 개발이 덜 되고 사람이 귀한 섬일수록 인심이 후하다. 그래서 그런 섬들을 다니며 가장 많이 듣는 말 또한 "밥 먹고 가시오"다. 평생 다시 볼일 없을 나그네에게 생선을 굽고 국을 끓이고 밥상까지 차려주는 마음이란 대체 어떤 마음일까? 죽임이 난무하는 시대에 진정 살림의 밥상이 아닐까. 그 마음은 또한 보살의 마음이 아닐까.

통영 지도

'할아버지 한 개 없는' 할머니들의 노인당 밥상

통영 지도紙島 거망 마을 노인당. 보일러가 고장 나 할머니들은 전기장판 위에 이불을 덮고 앉아 두런거린다. "뭘 볼 끼 있다고 하필 이 칩운데 왔노?" 나룻배에서 만난 김영이 할머니를 무작정 따라온 참이다. 할머니들이 김 할머니에게 농을 친다. "어디서 이런 이쁜 아저씨를 사겨서 왔노. 재주도 좋다." "사길라면 이런 사람 사겨야지." 할머니들의 우스갯소리에 썰렁한 방 안 공기가 훈훈해진다.

할머니들이 점심상을 차리셨다. 통영에서 충무김밥을 먹고 왔던 터라 극구 사양해도 굳이 밥을 퍼주신다. 할머니들은 큰 양푼 하나에 밥을 담아 함께 드신다. 고추장아찌에서 감칠맛이 나 자꾸만 손이 간다. "고추가 너무 맛있네요." 김영이 할머니가 바로 받아친다. "꼬추가 언제나 맛나고 개운커든." 옆의 할머니는 농을 거는 김 할머니가 살짝 못마땅하시다. "고추니 붕알이니 엔간이 씨부리라." 할머니들 농담이 걸쭉하다.

지도에는 동리, 서리, 거망까지 세 개의 자연 부락이 있는데, 거망 마을이 가장 작다. 20여 가구 대부분이 노인들이다. 할아버지들은 일찍 저승길 떠나시고 할머니들만 남았다. "여 있는 사람은 할아버지 한 개도 없다. 전수 홀어멈들이다." 김영이 할머니는 노인당의 '분위기메이커'다. 고성에서 스무 살에 지도로 시집와 55년을 살았다. 옆의 할머니 말씀. "그때는 스무 살이면 노처녀지, 다들 열대여섯에 시집갔으니. 내는 열아홉에 오니까 환갑 먹은 처녀 왔다고 난리더구마, 어찌 그 시절에 스무 살 묵도록 있었노."

김 할머니는 젊어서 고향에도 더러 다녔지만, 나이 들고서는 통 가본 적이 없다. "부친, 모친 가시고 나니 갈 일이 있나."

할머니의 남편은 군대에 있을 때 구타를 당해 늑막염을 앓았다. 한국전쟁 직후였다. 가족들이 제대할 수 있도록 힘썼다. 당시 돈으로 "600원을 주고" 빼 왔다. 집에 돌아온 남편은 15년 동안이나 앓았다. 남편은 아무 일도 못 하고 집에서만 지내다 결국 서른일곱에 이승을 버렸다.

남겨진 아내는 서른셋 청상. 농토도 없고 여자 혼자 몸으로는 뱃일도 할 수 없어서 내내 "넘의 집 일만 해주고" 살았다. "밭도 매주고, 오줌도 져주며" 곡식을 얻어다 먹고 살았다. 밤새워 베틀을 밟아가며 베도 짜고 그것으로 자식들을 키웠다. "아들 두 개, 딸 다섯 개 키운다고 쌔가 다 빠져

고추장아찌가 감칠맛이 나

자꾸만 손이 간다.

노인당 점심 밥상

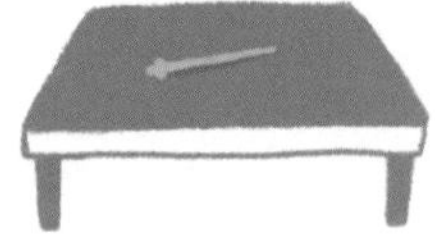

빼리고" 어느새 노인이 됐다.

이제는 할머니가 스스로 고향이 되셨다. 타향 사는 자식들의 고향. 자신의 고향은 잊어버리고 자식들의 고향이 되신 어머니. 세상의 어머니들은 누구나 자식들의 고향이다.

할머니는 이내 그 시절 부르던 베틀 노래 한 자락을 뽑으신다.

"세상살이 막심하여 옥난간에다가 베틀을 치랬더니/ 배틀 다리 4형제는 동서남북 갈라놓고/ 잉엣대는 3형제라 양쪽 어깨 총을 매고 섰는구나."

그 시절 시름을 잊기 위해 불렀던 서글픈 노래가 이제는 경쾌한 가락이 되었다. 세월을 이겨내고 얻은 소리.

"세월아 네월아 오고 가지를 말아라./ 아까운 청춘들 다 늙어간다."

할머니가 툭툭 내뱉는 말씀에도 가락이 실린다. 흥을 내는 것이 아니라 할머니 자체가 흥 덩어리다. 노래를 잘해서 "노래자랑 나가 대상도 타고" 그랬던 솜씨다.

"갈맹이는 어디로 가고/ 물드는 줄 모르는가/ 사공은 어딜 가고/ 배 뜨는 줄 모르는가/ 우리 님은 어딜 가고/ 날 찾을 줄 모르는가/ 술러덩 술러덩 배 띄워라."

먼저 간 남편을 그리는 할머니의 눈자위가 붉다.

"혼자 몸이 되고서/ 날이날마다 앉아 울고/ 너는 너는 어디 가고/ 나 혼자서 고생하냐."

할머니의 사설에 가락이 실린다. 그렇게 한세월 시름을 달래왔던 터다. 김영이 할머니만이 아니라 경로당에 나와 계신 할머니들은 모두가 남편들을 먼저 보냈다. 그런데 할머니들에게는 그것이 천만다행이다. "할아버지는 먼저 가야 해. 우리 앞에 보내고 지가 있으면 을매나 고생했겠노." 세월의 힘인가. 원망은 사라지고 애틋함만 남았다.

어느새 날이 저문다. 종일 회관에 모여 놀다가도 밤이면 모두들 자기 집으로 돌아간다. 짧은 거리지만 이 맹렬한 추위에 늙은 몸으로 문밖을 나서는 것이 걱정이다. 여든다섯 할머니가 혼잣말처럼 중얼거린다. 이 또한 가락이다.

"바람은 꽁꽁 불어쌓고 이 내 집은 어찌 가노."

거망 마을회관 지붕 위로 어둠이 깃든다.

추봉도

포로수용소가 있던 섬의 저녁 밥상

추봉도 민박집 주인 내외분과 둘러앉아 저녁을 먹는다. 갓 잡아 온 볼락회는 달디달고 열기구이는 담백하면서 고소하다. 민박집 밥상은 그대로 집밥이고 섬의 전통 밥상이다. 많은 여행자가 섬까지 와서 대형마트에서 사 온 재료로 음식을 해 먹는다. 각자 취향이니 뭐라고야 하겠는가마는 이런 맛을 못 보는 것이 안타까울 뿐이다. 게다가 민박집 주인장에게 섬에 깃든 이야기까지 들을 수 있으니 참으로 귀한 밥상이다. 오늘은 추봉도의 아픈 이야기를 듣는다.

역사의 상흔은 섬마다 깊게 새겨져 있다. 한국전쟁 때는 거제도뿐만 아니라 통영의 섬에도 포로수용소가 있었다. 추봉도와 용호도(옛 용초도)에 포로수용소 유적이 남아 있다. 근대 사실주의 대표 작가 이쾌대 화백

(1913~1965)도 추봉도 포로수용소를 거쳐 갔다.

추봉도의 추원 마을과 예곡 마을에는 1952년 5월부터 포로수용소가 설치돼 1만 명의 공산 포로가 수용됐다. 추봉도에서 거제도는 코앞이다. 거제도 포로수용소에 있던 포로 중 일부가 용호도와 추봉도 포로수용소로 옮겨 왔다.

1952년 5월 어느 날, 마을 주민 모두 보리타작을 하고 있었다. 그런데 갑자기 거대한 미군 함정LST이 들이닥쳤다. 함정의 아가리에서 불도저가 기어 나왔다. 군인들은 예고도 없이 주민들을 강제로 내쫓고 살던 집을 파괴해버렸다. 멋모르고 쫓겨난 주민들은 한산도의 진두 마을과 추봉도의 곡룡포 등에 천막을 치고 피난민 생활을 해야 했다.

유엔군은 한국전쟁 당시인 1950년 11월 27일 거제도 360만 평의 땅에 포로수용소를 설치했다. 인민군 15만 명, 중공군 2만 명, 여성 포로와 의용군 3,000명 등 17만 3,000명의 포로가 수용됐다. 공산 포로와 반공 포로가 함께 수용됐다. 포로수용소장 F. T. 도드는 제네바협약을 어기고 포로들의 본국 귀환을 포기시키려 갖은 협박과 고문을 일삼았다.

이에 포로들은 격렬히 저항했고 수많은 포로가 살해됐다. 그 과정에서 수용소장이 감금됐다 풀려나기도 했다. 그 후 가장 격렬하게 저항했던 포로들이 추봉도, 용초도 등으로 분산 수용됐고 포로수용소장은 해임당했다.

집과 농토를 빼앗긴 예곡·추원 마을 주민들은 초근목피로 연명하다

1953년 10월 수용소가 폐쇄된 다음에야 재입주할 수 있었다. 느닷없이 집과 농토와 마을을 빼앗겼던 주민들은 돌아온 뒤에도 제대로 보상받지 못했다. 당시 열네 살이던 마을 노인은 그 일들을 생생히 기억한다.

"그때 젤 첨에 해군 다이버들이 와서 순찰해 갔어. 그리고 얼마 있다가 크나큰 배가 와서 입을 떡 벌리더라고. 그리고 이상한 차가 와서 오두막을 다 때리 빠뿌리고. 한두 번 밀어삘면 희뜩 넘어가고. 우리야 가만 구경만 하고 있었지. 머시 머신지도 모르고 나가라니까 나가고 그랬지."

노인은 당시 주민들이 아무런 보상도 받지 못한 것은 "군軍이 추봉도에 포로수용소를 설치하면서 추봉도를 무인도라고 상부에 보고했기 때문"이라고 생각한다. "여기는 사람이 안 사는 곳이다, 무인도라고 속이고. 그때 사람이 얼마나 살았는데, 이 섬에 학생만 380명이나 됐는데."

수백만 명이 죽어간 전쟁 통에 1,000명이 사는 섬 하나쯤 무인도로 만드는 것이야 일도 아니었을 것이다. 추봉도 수용소에는 이쾌대 화백은 물론 관동군 출신 일본인 포로도 있었다. 게다가 추봉도 사람도 있었다. 제 살던 고향 마을에 포로가 되어 갇힌 마음은 대체 어땠을까.

동족상잔의 비극은 이 나라 어느 땅 한편도 비켜 가지 않았다. 노인은 추봉도 예곡 마을 출신 포로가 후일 어찌 됐는지 행방을 모른다. 추원 마을 출신 포로는 석방 후 다시 고향에서 살다가 생을 마쳤다. 추봉도 포로수용소에서도 서로 죽고 죽이는 참극이 멈추지 않았다. "똥통에 빠뜨려 죽여버리기도 하고, 죽은 걸 똥통에다 버리기도 하고 그랬대."

민박집 밥상은 섬의 전통 밥상이다.
주인장에게 섬에 깃든 이야기까지 들을 수 있으니
귀한 밥상이다.

민박집 저녁 밥상

포로수용소 폐쇄 후 마을로 돌아온 사람들은 수용소 건물과 도로 등의 시멘트를 걷어내고 다시 밭으로 만들었다. 장비도 없던 시절, 손으로 그 수많은 시멘트 구조물을 부수고 걷어내느라 주민들은 골병이 들었다. "그 당시에는 못 묵고 살아서 밭 만든다고 허물어뻴었어. 호빡 공구리해논 걸 손으로 깼어."

추봉도와 용호도 내 포로수용소 유적 82만 5,231제곱미터(약 25만 평)는 경상남도 기념물 제302호로 지정됐다. 통영시는 문화재 종합정비 계획을 수립했는데, 이를 토대로 단계별·연차적 보수정비 사업을 마친 뒤 역사교육의 장으로 활용할 계획이라 한다. 가슴 아픈 유적이 역사교육의 장으로 활용되는 것은 좋은 일이다.

하지만 그전에 통영시가 해결할 일이 있다. 영문도 모르고 쫓겨나 살던 집과 땅을 빼앗기고, 다시 복구하는 과정에서 정부는 주민들에게 어떤 보상도 어떤 도움도 주지 않았다. 통영시는 이제라도 추봉도와 용호도 주민들이 정부 차원에서 사과받고 보상받을 수 있도록 도와주어야 한다.

포로수용소 유적을 관광 자원화하기 전에 주민에 대한 보상이 이루어져야 한다. 정부도 포로수용소 보수정비 사업에만 예산을 쓸 것이 아니라 주민에 대한 보상에도 예산을 써야 한다. 누구보다 통영시가 앞장서서 이 문제를 해결해야 한다. 특별법을 만들어서라도 보상받게 해야 한다. 그것이 관광자원보다 역사교육의 장보다 우선시돼야 한다. 그래야 역사교육의 장도 진정성 있는 시설이 될 수 있을 것이다. 추봉도의 밤이 깊어간다.

고급 시푸드의 향연, 섬 제사상

제주의 섬 추자도 선주 집에서 점심 밥상을 받았다. 섬의 토속 음식은 가정집 밥상을 통해 이어진다. 섬의 식당에서는 찾아볼 수 없는 토속 요리가 한 상 차려졌다. 수많은 섬을 돌아다녔지만, 처음 맛본 음식도 있다. 이름도 낯선 굴통국, 소라와 홍합, 마늘대를 넣고 삭힌 음식인 추자도 삼합. 그런데 더 귀한 광경도 목도했다. 입이 떡 벌어질 정도로 차려낸 밥상. 선주 집의 제사상이다. 준비의 수고로움이야 말할 것도 없지만, 제사상에 놓인 추자도 전통 음식은 놀라움 그 자체다. 규모보다도 잃어버린 우리 음식의 원형이 모두 깃들어 있기 때문이다. 모든 섬의 제사상만을 기록해 모아도 나라의 큰 자산이 될 듯하다.

2020년 10월 국립중앙박물관은 경주 서봉총 재발굴 결과 놀라운 발견이 있었다고 발표했다. 신라 왕족의 제사 음식 문화를 엿볼 수 있는 유물이 쏟아져 나온 것이다. 서봉총 남분의 큰 항아리 안에서 조개류 1,883점, 물고기류 5,700점 등 동물 유체가 7,700여 점이나 나왔다. 이것들은 1500년 전 신라 왕족이 준비한 제사 음식이었다. 청어, 방어 등의 생선은 물론이고 돌고래, 남생이, 성게, 복어, 전복, 가리비, 굴, 주름다슬기, 청어, 감성돔 유물까지 출토됐다.

무덤에서 발굴된 이 음식 유물은 단지 제사 음식이 아니라 당시 신라 왕족이나 귀족 들의 식생활을 엿볼 수 있는 귀중한 자료이다. 그들은 지금도 고급 요리 재료에 속하는 고래고기와 성게알, 복어까지 즐겼다. 독을 제거하지 않으면 먹을 수 없는 복어까지 발견된 것은 당시 음식 문화의 높은 수준을 말해준다. 더구나 제사 음식임에도 불구하고 육지에서 서식하는 소나 돼지, 닭 같은 동물 뼈는 발견되지 않았다는 점이 특이하다.

서봉총에서는 백제 조문객이 가져온 민어의 흔적도 나왔다. 1500년 전부터 서남해 지역 사람들이 민어 요리를 즐겼고 그 민어가 경주까지 와서 요리되었다는 뜻이다. 이 제사 음식 유물은 바닷가 지역 음식 문화의 시원을 추정케 하는 귀한 발견이다. 경주는 내륙에 있었지만, 주변에 곡창지대가 없고 바다가 가까운 실질적인 해양 도시였다. 그러므로 서봉총의 제사 음식은 고대 해양 문화권의 제사 음식이 어떠했는지 추론할 수 있는 근거가 될 것이다. 섬의 제사 음식 또한 이 음식 문화와 크게 다르지 않다. 해양에서 나온 재료를 중요하게 사용하고 있기 때문이다.

제사상에 놓인 추자도 전통 음식은 놀라움 그 자체다.
규모보다도 잃어버린 우리 음식의 원형이
모두 깃들어 있기 때문이다.

▲ 추자도 선주집 제사상

선주집 아침 밥상 ▶

제사는 원시시대 때부터 지내온 기원의 양식인데 신령이나 죽은 사람의 넋에 음식을 바치어 정성을 드리는 의식을 말한다. 과학이 발전하기 전 원시 고대인들은 자연 현상의 변화와 천재지변 등에 어떤 초월자가 개입하고 있다고 상상하고 그 초월자, 절대자를 신으로 모시고 기원하는 의례를 만들었다. 사후 세계가 있다고 믿으며 귀신을 섬기게 됐다. 초월자에 대한 믿음과 조상의 영혼을 숭배하는 사상이 합치되어 일정한 격식을 갖춘 제도로 정착된 것이 제사 의식이다.

제사 음식은 '제수'라고도 하는데 고춧가루와 마늘, 파, 부추 같은 향신료성 양념은 쓰지 못한다. 제사상에는 김치도 백김치만 올린다. 귀신을 쫓는다고 여기는 팥이나 복숭아도 올라갈 수 없다. 제사상의 기본 차림은 과일, 유과, 나물, 생선, 포, 떡, 전, 탕과 밥, 국, 술 등이다. 육지와 섬 제사상은 해산물 양에서 두드러지게 차이가 난다. 내륙에서는 돼지고기나 소고기를 두툼하게 썰어 양념하고 석쇠에 구워내는 적, 탕도 소고기, 닭고기 등의 육류를 사용한다. 생선탕의 경우 북어 정도만 사용할 뿐이다. 하지만 섬에서는 적이나 탕도 해산물이 주재료다. 생선은 민어, 가자미, 방어, 도미 등 다양하게 올라가고, 조개류도 탕이나 꼬치로 조리되어 올라간다. 지금이야 양식 때문에 흔해졌지만 귀하디귀한 전복을 올리기도 했다.

한국의 대표 섬인 제주도와 울릉도를 보면 그 차이를 금방 알아챌 수 있다. 울릉도나 제주도 또한 요즈음은 육지와 별반 차이가 없다. 하지만 과거에는 육지의 제사상과 확연한 차이가 있었다. 울릉도의 제수는 현지의 산과 바다에서 나는 해산물과 산나물이 주였다. 바람 때문에 과일 농사가 잘 되지 않으니 과일이 귀했다. 그래서 제사상에 사과나 배 같은 과일을 올릴 수 없었다. 땅속에 묻어 보관하는 밤 정도만 올렸다. 궁핍한 집에서는 밤도 올리기 어려워 제사상에 과일이 없는 경우도 많았다.

가장 일반적인 재료는 생선이었다. 삶은 문어와 오징어포는 기본이었다. 생선도 다양한 종류를 말렸다가 구워서 올렸다. 산적은 소고기나 돼지고기로는 만들 수 없었고, 잘해야 닭고기 정도를 사용했다. 그래서 생선 산적이 발달했다. 방어 산적은 가장 흔했다. 무엇보다 귀한 소고기를 대신하는 제사 음식이 있었다. 산나물 중에서도 소고기 맛이 나는 고비나물은 제사상에 빠짐없이 올렸다. 빠지지 않는 제사 음식 중 하나인 탕은 육지처럼 고기를 넣지 못해 오징어를 다져서 만들었다.

제주도 또한 섬이라는 특성상 제사 음식이 육지와 차이가 컸다. 울릉도처럼 해산물이 특히 많고 과일은 적었다. 돼지고기도 올랐지만, 생선이 압도적으로 많았다. 생선은 옥돔, 우럭, 북바리 등을 염장해서 건조한 뒤 구워서 올렸다. 육적도 드물게 올랐지만, 울릉도처럼 해산물로 만든 어적이 더 많았다. 상어적, 오징어적, 문어적이 기본으로 올랐다. 심지어 고래고기로 만든 고래적이 오르기도 했다. 국은 무나 미역을 넣은 소고깃국이 오르기도 했지만 옥돔이나 붉바리 등 비늘 있는 생선으로 끓인 생선국이 주로 올랐다. 제사상에 생선국이 오르는 것도 육지 제사상과 큰 차이 중의 하나다. 과일도 사과나 배 같은 건 구할 수 없으니 당유자를 사용했다.

제사 떡 또한 쌀이 귀한 섬인지라 쌀떡이 아니라 좁쌀이나 메밀, 고구마 등을 재료로 만들었다. 메밀인절미, 메밀세미떡, 고구마침떡 등이 제주도 제사상에 오르던 떡이었지만, 지금은 사라지고 없다. 기제사에 참여하는 친척들은 빙떡이나 상애떡 등을 부조하기도 했다. 제사 다음 날이면 동네에 밥과 떡을 나누는 '떡반돌림'이란 풍습도 있었다. 상호 부조 문화가 있는 것이 섬의 제사 문화였다. 제사 음식을 동네 사람과 나누어 먹는 문화는 섬뿐만 아니라 내륙에도 있던 아름다운 풍습이지만, 육지에서는 진즉에 사라지고 없다. 하지만 섬에서는 지금까지도 제사를 지내고 난 다음 날 아침이면 동네 어른들을 불러 아침을 대접하는 풍습이 남아 있다. 제사는 조상을 기리는 풍습인 동시에 공동체의 나눔과 결속을 다지는 의례이기도 한 것이다.

아직까지도 수산물이 풍성하게 나는 추자도나 거문도, 안도, 노화도 등의 섬 지방에서는 제사상이 옛 원형을 간직하고 있다. 당제가 남아 있는 섬들의 당제 음식에도 섬 지방 특유의 제사 음식이 잘 보존되어 있다. 당제 때면 섬 주민들이 집집마다 정성껏 차려낸 밥상이 줄지어 놓이기도 한다. 하지만 섬이 쇠락해가면서 밥상이 계속 줄어들고 있다. 섬의 제사상에는 육지의 제사상에서는 보기 어려운 수백 년 이어져온 특별한 음식이 한가득이다. 섬의 제사 음식에는 우리 한식의 원형이 깃들어 있는 것이다. 무엇보다 지금은 잊혀져 듣도 보도 못 하는 진귀한 바다 음식이 한가득이다. 섬의 제사 음식이야말로 우리 바다 음식의 오래된 미래다.

"우리 섬은 집에서 밥해 먹는 사람이 없어요"

여수 하화도의 트레이드마크는 꽃이다. 섬 이름의 뜻이 꽃섬인 것을 활용해 섬을 꽃으로 상징화했다. 그래서 하화도는 섬 곳곳에 꽃을 심어 관광객을 불러들인다. 0.71제곱킬로미터(약 21만 평)에 불과한 섬에 수많은 관광객이 몰려들고 있다. 꽃길을 걸으려는 인파가 주말이나 성수기면 1,500명씩 몰려들어 "섬이 가라앉을 정도로" 인산인해를 이룬다. 수도 없이 많은 관광객이 몰려오니 하화도에는 민박이나 펜션도 생기고 식당도 생기고 마을 부녀회에서 운영하는 마을 식당도 생겼다.

꽃섬은 하나가 아니다. 1킬로미터의 거리를 두고 상화, 하화 두 섬이 나란한 형제 섬이다. 상화도는 윗꽃섬, 하화도는 아래 꽃섬이다. 섬이 세상에 알려지지 않았던 2001년 송일곤 감독의 영화 〈꽃섬〉을 하화도에서 촬

영하기도 했다. 이름만으로도 설레게 하는 꽃섬. 그 이름의 힘이 영화에 상상력을 불어넣었을 것이다. 그런데 실상 꽃섬이란 이름은 하화도만의 것은 아니다. 이 나라에는 꽃섬이 많기도 하다. 세상에 꽃이 한 종뿐일까!

고흥의 상화도와 하화도, 신안의 화도, 거제의 화도, 완도의 화도, 태안의 화도 등이 모두 꽃섬이다. 꽃이 많아서 '화도'라 했다는 유래가 전하지만, 오래전 꽃이 많지 않은 섬이 어디 있었으랴. 어느 섬이나 야생화가 지천이었을 텐데…. 꽃섬의 정확한 유래야 알 길이 없지만, 요즘은 너도 나도 스토리텔링을 완성하기 위해 꽃을 심어 치장한다. 하화도는 섬의 형상이 소의 머리와 비슷하다 해서 한때는 '소섬'이라 부르기도 했었다는 이야기가 전하는 것을 보면 꽃이 많아서라기보다 멀리서 보면 섬의 모습이 한 송이 꽃처럼 보여서 꽃섬이라 이름지었던 것이 아닐까? 초봄 연초록 새순이 솟아오르는 모습은 꽃과 같다. 그럴 때 멀리서 보면 섬 전체가 한 송이 꽃처럼 보이기도 한다. 꽃섬이라는 이름의 섬이 한결같이 아주 작은 것은 그런 추측을 더 설득력 있게 만든다.

하화도 사람들은 집에서 밥을 해 먹지 않는 것이 자랑이다. 모든 주민의 삼시 세끼를 마을 식당에서 해결해주기 때문이다. 섬에 관광객이 몰려오고 부녀회에서 마을회관을 마을 식당으로 운영하면서 생긴 일이다. 부녀회원들은 관광객에게 음식을 팔아 얻은 수익으로 마을 주민 모두에게 밥상을 차려준다.

홀로 사는 노인이 많은 섬. 집에서 제대로 된 식사를 해결하는 노인

부녀회원들은 관광객에게
음식을 팔아 얻은 수익으로
마을 주민 모두에게 밥상을 차려준다.

마을 식당 저녁 밥상

은 드물었다. 대충 때우기 일쑤였다. 그런데 마을 식당이 생기면서 돈도 벌고 다 함께 밥도 해서 나눠 먹으니 섬마을이 더욱 밝고 건강해졌다. 부녀회원들은 "우리 돈 욕심 부리지 말자"고 한다. 함께 밥을 해 먹고 사이좋게 어울려 사는 것만으로도 큰 행복이란 사실을 누구보다 잘 아는 까닭이다. 마을 주민들에게 밥을 해주고도 남는 수익은 부녀회원들이 똑같이 나눈다. 이 마을 식당이야말로 꽃섬의 진짜 꽃이다. 진정한 마을 식당, 공동체의 식당이다. 다른 섬, 다른 마을이 배워야 할 아름다운 마을 식당이다.

관광객이 몰려들면서 섬의 공동체가 파괴된 경우가 적지 않다. 자신만 더 큰 이익을 얻으려고 서로 반목하는 경우가 많고, 심지어 주민끼리 100건이 넘는 고소, 고발로 지옥이 된 섬도 있다. 그런데 하화도는 개인의 욕심을 제어하고 공동체가 살 수 있는 길을 택했다. 참으로 현명한 선택이다. 섬이 이토록 공동체성을 회복하니 여수에 나가 살고 있는 출향인 70여 명도 퇴직 후에는 고향 섬으로 돌아와 살겠다고 한단다.

서로를 돌보고 돌봄을 받는 여생을 누린다는 것은 얼마나 큰 행운인가. 정부가 수십조, 수조의 돈을 쏟아부어도 성공하지 못하는 도시 재생, 마을 살리기를 작은 섬마을 부녀회가 해내고 있다. 이것이야말로 진정한 마을 살리기, 섬 살리기의 모범이다. 그래서 하화도 부녀회의 활동을 배우러 오는 마을도 많다. "전국에 소문난 부녀회요." 부녀회원들의 자부심이 가득하다.

마을 재생 사업은 이 부녀회처럼 해야 옳다고 생각한다. 정부나 전문

가란 이들이 설계한 사업이 아니라, 마을 주민이 주인이 돼서 잃어버린 공동체성을 되살리는 일이야말로 마을 살리기의 핵심이다.

오늘 소박하지만 귀한 밥상을 받았다. 하화도 주민이면 누구나 먹을 수 있는 밥상이지만, 어떤 진수성찬보다 귀한 밥상이다.

반월도

케이크보다 달고 부드러운 퍼플섬의 고구마막걸리

선상에서 고단한 전복 선별 작업을 한 뒤 새참으로 마시는 노란 고구마막걸리 한 잔은 꿀맛이다. 섬 전체가 보랏빛인 퍼플섬, 신안 반월도 전복 양식장에 품앗이하러 오신 아주머니가 집에서 손수 담근 고구마막걸리를 주셨다. 쌀이나 밀가루 대신 반월도산 고구마를 재료로 담그셨는데 그 맛이 고구마케이크보다 더 부드럽다.

온 섬을 보랏빛으로 색칠한 반월도와 박지도의 별칭은 퍼플섬이다. 퍼플섬은 2021년 유엔세계관광기구UNWTO가 선정한 제1회 최우수 관광마을이다. 사철 보랏빛 물결이 넘실댄다. 반월도를 비롯한 신안 사람은 노동할 때도 놀 때도 직접 만든 막걸리를 마신다. 막걸리를 마시며 놀 때는 꼭 산다이를 한다. 산다이는 신안 섬사람들의 소울Soul이 담긴 고유한 유

반월도의 고구마막걸리는

우리 술 문화 말살 정책을 뚫고 이어온

소중한 우리 술이다.

고구마막걸리

희 문화다. 유난히 슬픔이 많았던 섬사람들에게 산다이는 슬픔을 이기는 명약이기도 했다. 슬픔으로 슬픔을 이길 수는 없으니 섬사람들은 그 지혜를 일찍 터득했다. 노래를 부르며 슬픔을 넘어섰다. 산다이 때 흥을 북돋우는 고구마막걸리. 오늘 그 귀한 막걸리에 취하니 부러울 것이 없다.

국민 술이 된 소주는 본래 우리 술이 아니었다. 몽골 침략군이 가져온 술 문화였다. 소주를 처음 만든 것은 기원전 3000년 메소포타미아 수메르인이었다고 한다. 1258년 몽골군이 압바스 왕조를 침략하면서 소주 제조법을 배워 갔고 이것이 고려를 침략한 몽골군에 의해 이 땅에도 전해졌다. 전통 소주로 유명한 안동과 제주도, 진도는 모두 몽골군의 주둔지였다. 안동소주, 제주 고소리술, 진도홍주가 모두 몽골 소주 제조법으로 만들어져 우리 전통주가 된 것이다.

하지만 막걸리는 삼국시대 때부터 우리의 토속주였다. 『삼국유사』의 〈가락국기〉에 수로왕에게 제사 지내기 위해 요례醪醴를 빚었다는 기록이 있다. '료'는 '막걸리 료醪' 자다. 가야에서도 막걸리를 빚었던 것이다. 일본 『고사기古事記』(712)에는 "일본 응신천황應神天皇 때 백제의 인번仁番이 누룩을 써서 술을 빚는 주조 기술을 전파했다"는 기록도 있다. 『해동역사海東繹史』에는 '멥쌀로 빚은 신라주新羅酒'에 관한 기록도 있다.

고려·조선 시대를 거쳐오며 집집마다 빚어 먹던 가양주인 전통 막걸리의 역사가 단절된 것은 일제강점기다. 조선총독부가 세수 확대를 위해 '주세법(1909)'과 '주세령(1916)' 등을 만들어 전통 가양주를 말살시켰다. 허가받은 업자가 아니면 술을 만들지 못하도록 하고 술의 품질을 규격화해 우리 전통 술의 다양성까지 없앴다. 해방 후에도 주류 허가 제도가 이어지며 우리 전통 술의 맥이 끊어지다시피 했다. 집집마다 다른 맛을 내며 다양하게 이어지던 막걸리 맛도 거의 사라졌다. 최근에야 다시 전통주가 부활하며 전통 막걸리의 맛이 조금씩 되살아나고 있다.

하지만 강압적인 밀주 단속에도 불구하고 우리 술의 전통이 가장 잘 살아남은 곳이 바로 섬이다. 섬 또한 밀주 단속이 있었지만 고립된 지리적 특성상 상대적으로 자유로웠다.

돈이 귀했던 섬에서는 육지에서 들어온 술을 사 먹는 것이 부담스러웠다. 하지만 직접 농사지은 곡식으로 집에서 담가 먹으면 돈이 들지 않았다. 직접 빚은 막걸리나 청주를 제삿술나 잔치 술로도 쓰고 어로와 농사 등의 노동주로도 마셨다. 그래서 섬에서는 고유한 전통 막걸리 문화가 전승될 수 있었다.

섬에서는 특히 쌀이 귀했으니 보리, 조 등 잡곡이나 척박한 땅에서 오히려 잘 자라 가장 흔했던 고구마로 막걸리를 많이 담가 먹었다. 엉겅퀴나 후박나무껍질, 우슬, 천문동, 삽주, 잔대 등을 다린 물로 약초 막걸리도 만들어 마셨다. 반월도의 고구마막걸리는 우리 술 문화 말살 정책을 뚫고 이어온 참으로 소중한 우리 술이다.

오랜 전통과 역사를 이어온 섬의 막걸리 제조법은 특별하다. 보통 막걸리는 유통기한이 길지 않다. 하지만 섬의 제조법으로 만든 막걸리는 1년

이 지나도 변질되지 않는다. 멸균한 것도 아니고 발효가 진행되는 생막걸리인데도 그렇다. 비법이 뭘까? 겨울에 담그는 것이 비법이다. 섬에서는 여름에 막걸리를 담그지 않는다. 여름에 담근 술은 빨리 쉬기 때문이다. 막걸리를 빚은 뒤 서늘한 곳에 보관하면서 저온 숙성시킨다. 짧게는 2~3개월 길게는 4~5개월이 돼야 완전히 발효돼서 술이 만들어진다. 이렇게 숙성된 막걸리를 냉장 보관해두고 다시 겨울이 올 때까지 1년 내내 마신다. 직접 농사지은 고구마로 만든 고구마막걸리. 전승해야 할 최고의 우리 술이다.

하의도

반전의 낙지 요리

하의도는 15대 대통령 김대중이 태어난 섬이자 만고에 빛나는 농민 항쟁의 역사를 간직한 섬이기도 하다. 선조의 딸 정명공주(1603~1685) 가문에게 빼앗긴 땅을 되찾기 위해 물경 333년이나 투쟁해서 마침내 승리한 섬, 세계사에도 유래가 없는 불멸의 섬이다.

하의도 또한 섬이지만 어업보다는 농사를 많이 짓는다. 과거 육지 사람들이 섬으로 들어온 것은 어업을 위해서가 아니었다. 농사지을 땅을 갖기 위해서였다. 육지에서는 자신의 땅 한 뙈기 없이 소작인으로 살면서 지주와 관리 들에게 수탈과 억압을 당했다. 그러니 섬으로 들어와 황무지를 개간하고 간척하며 온갖 고생을 다해 마련한 땅에 대한 애착은 육지 사람들의 상상을 초월할 정도로 컸다. 땅은 곧 생명이었다.

섬사람들이 자기 땅을 되찾거나 지키기 위해 목숨 걸기를 마다하지 않는 것은 그 때문이었다. 땅을 잃는 것은 생명을 잃는 일이었다. 하의도 사람들이 빼앗긴 땅을 되찾기 위해 무려 333년 동안이나 투쟁을 이어올 수 있었던 것 또한 목숨만큼 소중한 땅에 대한 애착이 있어 가능한 일이었다.

고려 말 공도 정책으로 비워졌던 하의도의 농토는 임진왜란 이후 다시 들어와 정착한 사람들에 의해 개간되고 간척되어 만들어진 것이다. 전쟁으로 재정이 고갈된 왕실은 세수 확대를 위해 섬 지역의 입도와 개간을 권장했다. 조정은 새로 개간한 땅의 경작권을 개간한 자에게 주기로 약속하고 섬 정착을 독려했다. 그렇게 하의도에 사람들이 들어와 황무지를 다시 개간하고 갯벌을 간척해 옥토를 만들었다.

그런데 1623년, 인조는 약속을 어기고 하의도와 신의도(상하태도)의 개간된 땅 24결(약 14만 평)을 그의 고모였던 정명공주가 시집갈 때 혼수품으로 내주었다. 물론 조건을 달아 정명공주의 4대손까지만 세미稅米를 받도록 했다. 억울해도 섬 주민들은 참았다. 하지만 정명공주가 시집을 간 홍씨 집안에서는 4대가 지나도 여전히 세미를 수탈했다.

1729년 주민들에게 반환해야 했음에도 불구하고 정명공주의 5대손 홍상한은 주민들이 새로 개간한 땅 140결(약 84만 평)의 권리까지 주장해 세미를 거두었다. 주민들은 농토를 되찾기 위해 싸웠지만 세도가인 홍씨 집안을 이길 수 없었다. 엎친 데 덮친 격으로 4대가 지나자 홍씨 집안뿐

삼복염천에도

시원한 냉연포탕 한 그릇이면

마지막 남아 있던 더위까지 다 물러간다.

뻘낙지 냉연포탕

아니라 관에서도 권리를 주장하며 세금을 징수했다. 일토양세一土兩稅, 주민들은 양쪽으로 세금을 뜯기니 살 수가 없었다. 그래서 하의도에는 '양세바위'라는 이름의 바위까지 생겼다. 억울함이 얼마나 컸으면 바위에 그런 이름까지 붙였을까? 섬 주민들은 저항했으나 국가와 세도가 집안을 이길 수 없었다. 그래도 포기하지 않고 싸웠다.

하의도의 땅은 홍씨 가문에서 내장원으로, 내장원에서 다시 홍씨 집안으로, 다시 조병택·백인기, 정병조, 우콘 곤자에몬, 가미나미 신조, 도쿠다 야시치, 신한공사 등으로 소유권이 넘어갔다. 그때마다 주민들은 진정과 도세 납부 거부, 각종 소송, 농민 조합운동 등으로 저항했다. 그러다 해방 후인 1950년 2월 13일, 제헌국회의 무상환원 결의를 이끌어냈고 1956년 불하 형식으로 하의도 주민들에게 돌아갔다. 1994년 누락된 땅의 등기처리가 되고나서야 하의도 농민들의 농토 찾기 투쟁이 끝났다. 333년 만의 승리였다.

하의도와 신의도 갯벌은 펄이 우윳빛처럼 뽀얗다. 남도에서도 이 펄에서 나는 낙지를 최고로 꼽는다. 남도에서 낙지는 산낙지회, 낙지탕탕이, 낙지초무침, 연포탕, 낙지호롱 등으로 다양하게 요리된다. 국물 요리는 연포탕이 가장 대중적이다. 내륙 식당에서 판매하는 연포탕은 뜨거운 국물에 낙지를 데쳐 먹는 음식이다. 각종 채소를 넣고 끓인 국물에 산낙지를 살짝 익혀 국물과 함께 먹는다. 그런데 하의도에서 먹는 연포탕은 다르다. 하의도에서는 냉연포탕으로 먹는다.

연포탕은 본래 낙지와는 무관한 음식이었다. 『동국세시기東國歲時記』(1849)나 『증보산림경제』(1766) 등 옛 문헌에는 두부와 닭고기로 끓인 국을 연포탕이라 했다. 『동국세시기』 10월조에는 "두부를 가늘게 썰고 꼬챙이에 꿰어 기름에 지지다가 닭고기를 섞어 국을 끓이면 이것을 연포탕이라고 한다. 여기서 포라는 것은 두부를 말하며 한나라 무제武帝 때 신하 회남왕淮南王으로부터 시작된 것"이라 기록하고 있다. 하지만 요즈음 연포탕이라고 하면 낙지 요리를 먼저 떠올린다.

낙지는 옛날부터 섬에서 즐겨 먹는 음식이었다. 『자산어보』에도 맛이 달콤하고 회, 국, 포를 만들기 좋다고 기록되어 있다. 낙지는 한자로 '낙제어絡蹄魚', 풀이하면 '얽힌絡 발蹄을 지닌 물고기魚'란 뜻이다. 낙지는 지방 성분이 거의 없고 타우린과 무기질과 아미노산이 듬뿍 들어 있는 건강식이다. 무더위에 쓰러진 소도 낙지를 먹이면 벌떡 일어났다는 이야기는 과장이 아니다. 사람도 기력이 부족할 때면 낙지 한 마리만 먹어도 솟구치는 기운이 느껴진다. 낙지는 그야말로 갯벌이 주는 보약이다.

냉연포탕 레시피는 간단하다. 끓는 물에 낙지를 살짝 데쳐놓고 낙지 삶은 물은 식힌다. 낙지를 먹기 좋은 크기로 썰고 자신이 좋아하는 채소를 잘라 낙지 삶은 물에 함께 넣는다. 간은 천일염으로 하고 식초와 마늘, 풋고추와 참깨 등의 양념을 한 뒤 얼음을 넣어주면 끝이다. 삼복염천에도 시원한 냉연포탕 한 그릇이면 마지막 남아 있던 더위까지 다 물러간다. 하의도에서는 식당에서도 맛볼 수 있다.

가거도

중국의 닭 우는 소리 들리는 섬의 맛

대한민국 최서남단 섬 가거도에는 중국에서 닭 우는 소리가 들린다는 이야기가 있다. 설마 닭 우는 소리가 400킬로미터나 가겠는가. 그만큼 중국과 가깝다는 은유다. 중국과 국경을 맞대고 있는 섬답게 가거도항의 이정표도 국제적이다. 중국 435킬로미터, 필리핀 2,180킬로미터, 서울 420킬로미터. 서울과 중국이 비슷한 거리다. 그래서 겨울에 바람이 거세게 불면 가거도 앞바다에는 시커먼 중국 어선들이 피항을 위해 벌 떼처럼 몰려든다.

과거에도 가거도는 중국 대륙과 한반도 사이를 비스듬히 건너는 황해 사단斜斷 항로에 위치해 외국 배가 수시로 거쳐 가던 섬이었다. 『선화봉사고려도경』(1123)에도 가거도에 대한 기록이 남아 있다. 사신단 200여 명

이 밥상 하나만으로도
험한 뱃길 건너는 수고를
마다하지 말아야 할 이유는 충분하다.

생홍어회와 해산물 술상

이 8척의 선단과 함께 송나라 황제 휘종의 명을 받고 고려를 방문한 뒤 서긍이 남긴 정세 보고서가 『선화봉사고려도경』이다. 1123년 5월 28일 송나라 영파를 출발한 서긍은 6월 2일 협계산을 지났다. 서긍은 협계산을 중국과 고려의 경계라 기록하고 있는데 이곳이 바로 가거도다. 가거도는 일제에 의해 '소흑산도'라 불리다가 해방 이후 본 이름을 되찾았다.

가거도의 중심지 대리 마을 식당 주인은 자연산 미역에 대한 자랑을 끝도 없이 늘어놓는다. 어딜 가나 사람들의 자연산에 대한 집착이 대단하다. 자연산이 맛있고 건강에도 좋다는 믿음 때문이다. 사료를 먹이고 항생제를 투여하며 키우는 어류의 경우 자연산에 대한 선호는 근거가 있다. 하지만 미역이나 다시마, 톳 같은 해초들까지 무조건 자연산이 좋은 것은 아니다. 굴이나 홍합 등의 조개류도 그렇다. 이들은 바닷물에 포자만 담가두면 스스로 자라는 것들이다. 자연산이나 양식의 구별이 무의미하다.

실상 이들의 경우 자연산이냐 양식이냐보다는 얼마나 깨끗한 물이나 갯벌에서 자랐느냐가 관건이다. 특히 해초는 해독 작용이 뛰어나다. 수질 정화에도 해초는 일등 공신이다. 해초는 사람 몸의 독을 제거하는 데도 유용하다. 그런 만큼 해초는 그 몸속에 많은 독을 지닐 수도 있다. 그러니 수질이 나쁜 해역에서 자란 해초는 자연산이든 양식이든 몸에 좋을 까닭이 없다. 청정한 바다의 해초는 양식이든 자연산이든 나쁠 까닭이 없다. 그러므로 가거도 미역이 좋은 것은 자연산이라서가 아니다. 가거도의 물이 깨끗하기 때문이다.

가거도는 머나먼 난바다에 홀로 우뚝 선 낙도이다 보니 교통이 불편했던 옛날에는 육지 한번 나가기가 외국 가기만큼 어려웠다. 목포 한번 나갔다 오려면 열흘쯤 걸리는 것이 예사였다. 섬살이가 신산해 유난히 전승 민요도 많다. 옛날에는 평생 섬을 떠나보지도 못하고 이승을 하직한 사람이 태반이었다. 오죽하면 "가게산 무너져 평질이나 되어라"라고 노래를 불렀다. 가거도의 최고봉 독실산(가게산)이 무너져 바다를 메워주면 걸어서 육지까지 가보고 싶다는 뜻이다.

그래서 사람들은 이 머나먼 낙도에 먹을 것이 무엇이 있을까 싶겠지만 다 있다. 가거도 어장에서 잡힌 생홍어회, 자연산 전복과 뿔소라회, 딱새우회와 딱새우장, 농어조림. 먼바다 섬이라 연안 바다에서는 맛볼 수 없는 온갖 해산물이 밥상에 다 올라가 있다. 이 밥상 하나만으로도 거칠고 험한 뱃길 건너는 수고를 마다하지 말아야 할 이유는 충분하다.

죽변

그리움이 깊으면 외로움도 깊어라

어젯밤 늦게 울진의 죽변으로 왔다. 죽변항으로 들어가는 도로변 노포들은 여전한데 지금은 사라진 어떤 목로가 그립다. 죽변에 오면 늘 그 목로에 혼자 앉아 막걸리를 마시곤 했다. 그런데 여러 해 전 어느 날인가 간판이 사라졌다. 어디로 간 것일까? 어디가 아파서 문을 닫았나? 죽변에 올 때마다 궁금했지만 누구에게도 물어볼 생각을 못 했다.

그런데 어젯밤 목로 여주인의 이야기를 들을 수 있었다. 그녀는 이미 이승의 사람이 아니었다. 그랬구나, 그래서 그 식당이 사라진 것이구나. 슬픔이 밀물처럼 몰려와 울컥했다. 늦었지만 여주인의 명복을 빈다. 어느 해이던가, 목로에 앉아 그녀의 살아온 내력을 들을 수 있었다. 그녀가 공개를 허락했던 이야기지만 혹시나 몰라서 그녀의 이름과 식당 이름은 가명으로 쓴다.

울진 죽변항으로 들어가는 깔끔한 도로변에는 낡고 오래된 단층 건물이 줄지어 있다. 그중 몇 집은 목로다. 죽변의 목롯집에서 막걸리 한 잔 마셔본 사람은 두고두고 죽변을 잊지 못한다. 비가역적 시간을 가역하고 서 있는 듯한 낡은 목롯집 풍경 때문이다. 목로의 분위기는 취흥을 돋우기에 그만이다.

초겨울 죽변, 그중 한 목로에서 막걸리를 마신다. 탁자 세 개짜리 좁은 목로 이화식당. 목롯집 이름이 주인 이름이다! 주인은 자기 이름에 대한 사랑이 큰가 보다. 안주는 장치조림과 삶은 문어다. 장치는 동해 깊은 물에서 나는 물고기다. 본명은 벌레문치, 생물보다 살짝 말려야 맛이 깊어지는 생선이다.

날이 궂어서 안줏거리가 별거 없다고 여주인이 미안해한다. 막걸리 안주에 삶은 문어와 장치조림이면 푸지지 부족할 건 또 무언가. 물김치는 새콤하게 익어 시원하고 풋고추멸치조림도 맛있다. 콩나물도 아삭하고 시원하다. 무엇보다 문어가 부드럽기 그지없다. 문어에는 채 썬 고추가 곁들여졌고 초장과 기름소금이 딸려 나온다. 문어는 겨울이 제철이다. 겨울에 향이 더 짙고 찰지다.

길쭉하게 자른 문어를 보니 여주인의 솜씨가 가늠된다. 모름지기 모든 먹거리는 채소든 해물이든 다양한 부위의 맛이 한데 어우러져야 제맛이다. "여그 사람들은 문어를 칼로 안 썰고 손으로 지 뜯어갖고 먹어요."

음식에 쇠가 닿아서 좋을 거 없다, 칼 대면 대는 만큼 변한다, 손맛이 최고다. 여주인의 지론이다. 여주인은 "문어는 작은 게 맛있다"고 귀띔한다.

문어는 작은 것이 맛있다는 말은 어린 것이 맛있다는 소리가 아니다. 동해에서 나는 또 다른 명물, 대왕문어보다 맛있다는 주장이다. 동해 깊은 곳에 사는, 사람 키만큼이나 큰 대왕문어. "대왕문어 그거는 파이시다! 깊은 바다에 사는 물문어는 삶으면 흐물흐물해갖고 맛이 없어요." 죽변에서는 대왕문어를 '물문어'라고 칭한다.

'물' 자 들어간 것은 재료의 밀도가 높지 않다는 뜻이다. 대왕문어를 '참문어'라 부르며 가치를 높이 치는 포항과는 또 다른 문화다. 포항 사람들이 들으면 섭섭해할 소리지만 맛이란 본래 절대적인 것이 아니다. 세상의 모든 맛은 주관적이다.

같은 문어라도 삶는 방법에 따라 맛 또한 천양지차다. 그래서 문어 삶는 비결도 가지가지다. 감칠맛 나게 문어를 삶아낸 여주인의 비결은 무얼까? "물을 많이 붓고 끓여요. 소금 좀 넣고. 물이 팔팔 끓으면 머릴 쥐고 퐁당 담가요. 다릴 넣었다 뺐다 하다가 솥에 넣고 뚜껑을 덮어요. 물이 다시 푹 끓어오르면 한번 저어준 다음 꺼내요. 그럼 여자들 빠마 머리같이 말려들어가요, 다리가."

외로운 나그네는 막걸리 한 잔을 쭈욱 들이키고 "여자의 빠마 머리같이 말려들어간" 문어다리를 씹는다. 죽변은 오래전부터 제법 흥청거리던 어항이다. 여주인 이화 씨도 그 시절을 몸으로 살았으니 사연이 깊다. "이 앞바다가 황금어장이라요. 예전에는 배가 말도 못 하게 들어왔어요."

올해 예순, 농협에 근무했던 여주인의 남편은 이승을 뜬 지 여러 해다. "이 동네가 생고기 배 따 먹는 동네요. 자기 돈 없으면 다 죽어요." 옆자리 취객이 죽변에 대해 품평한다. 취객은 울진 원전 경비원이다. 몇 군데 목롯집 중 이 집만 손님이 꽉 찼다. 음식 맛 때문일까? 그 궁금증을 취객이 풀어준다.

"혼자니까, 늙어도 혼자니까 부담 없이 먹을 수 있어요. 이화 씨가 친구가 돼줄 수 있어요. 남편이 둘 다 죽어버렸거든." 취객들은 늙으나 젊으나 이화 씨가 편하다. 더구나 동네니 남편 있는 여자면 눈치 보여 농지거리도 마음대로 못 한다. 그래서 이화 씨 집이 인기다. "이화 씨가 저래 봬도 장부요. 술 먹고 지랄하면 귀싸대기 때려버려요. 돈도 안 받고 쫓아버려요."

이화 씨 고향은 영덕의 강구다. 우스갯소리를 잘해서 처녀 시절부터 인기가 많았다. 이화 씨 입담이 좋은 것은 모두 할머니 덕이었다. 어릴 적에 몸이 자주 아팠다. 그래서 내내 할머니 등에 업혀서 살았다. 그러다 보니 동네 할머니들 이야기를 귀에 못이 박히도록 들었다. 총기가 남달랐으니 할머니들 이야기를 다 기억했다. 역시 구전의 힘은 세다.

처녀 적에는 밤이면 형부가 방위 근무를 서는 부대로 놀러 다녔다. 형부는 현역들에게 동네 처녀들을 데려다준 덕분에 근무를 빠질 수 있었다. 처녀들이 해안 부대로 놀러가니 군인들은 "좋아 죽었"다. 이화 씨랑 친구들은 부대 초소에서 밤새 군인들이랑 놀다가 새벽 4시쯤 되면 집으로 돌아가곤 했다. 아버지가 밤에 놀러 다닌다고 나무라면 "형부 대신 근무서러 간다"고 둘러댔다. 아버지는 그 말을 믿어줬다.

이화 씨는 스물일곱에 영덕의 축산으로 첫 시집을 갔다. 그때로는 늦은 나이였다. 축산은 한 시절 오징어파시로 명성을 떨치던 어항이다. "눈이 높아 고르고 고르느라고 늦게 갔어요." 부잣집인 줄 알고 갔는데 아니었다. 신랑은 키가 182센티미터였으니 훤칠했다. 얼굴도 미남이었다.

그렇지만 신랑은 럭키(LG그룹의 전신)를 다니다 잘리고 말았다. 시댁이 양조장을 했는데 신랑은 밥도 안 먹고 '만날 천날' 술만 마셨다. 막걸리를 바가지로 마셔댔다. 그러다 보니 무단결근이 잦았고 끝내 회사에서 쫓겨나고 말았다. 홀시어머니는 말 수레를 끌어서 양조장을 일으켜 세운 여장부였다. 손위 동서가 셋이었는데 말대꾸를 못 할 정도로 시어머니가 엄했다.

신랑은 끝내 알코올중독자가 되더니 뇌혈관이 터져서 정신병자가 되고 말았다. 겨우겨우 치료를 받고 좋아졌다. 그런 와중에 시댁의 양조장이 문을 닫았다. "부자가 망하니 한날 아침 해장거리도 안 돼요." 남편이랑 이화 씨는 일거리를 찾아 죽변으로 왔다. 남편은 울진 원전으로 '노가다'를 다니다 사고로 죽었다. 그때 이화 씨 나이 31세. 아들 하나 딸 하나 딸린 과부가 됐다. 아버지가 친정으로 데려가려 했다. 하지만 이화 씨는 1년 상을 치른 뒤 가겠다고 아버지를 설득해 죽변에 남았다.

동네 사람들도 가지 말라고 잡았다. 그 길로 눌러앉았다. 지금의 이화식당 자리에서 식당을 하던 할머니가 있었는데 권리금을 주고 들어왔다. 당시 죽변은 어업이 홍성할 무렵이라 선원들이 들끓었고 '색싯집'도 많았다. 색싯집을 운영하며 '아가씨 장사'해 돈을 번 할매 한 사람이 사채를 대줬다.

그 할매는 수완이 좋아 보이는 색싯집 아가씨가 있으면 돈을 대줄 테니 술집을 하라고 꼬여내곤 했었다. 아가씨들은 장사를 해서 할매 사채 빚을 갚는 데 다 쏟아부어야 했다. 순진한 아가씨들은 노회한 사채 할매에게 돈 벌어다 바치는 노예나 마찬가지였다. 이화 씨는 부지런히 돈을 모아 일찍 빚을 갚고 사채 할매의 사슬에서 풀려났다.

이화식당도 색싯집 색시들이 주된 단골이었다. 그녀들과 참 잘 지냈다. 그 무렵 죽변 농협에 다니던 남자 하나가 접근해 왔다. 그에게는 가정이 있었으나 밤에 이화 씨가 사는 집 잠긴 문을 따고 들어와 겁탈했다. 남자의 강압에 못 이겨 이화 씨는 결국 남자의 작은댁이 되고 말았다. 농협 남자의 본부인이 죽고 나서야 이화 씨는 정식 부인이 됐다. 얼마 후 남자는 농협을 그만두더니 이화 씨에게 다방을 차려달라 했다.

이화 씨는 목롯집을 해서 모은 돈으로 다방을 차려줬다. 남편은 얼마 후 데리고 있던 다방 아가씨와 또 다른 살림을 차렸다. 말려도 소용없었다. 그래서 남편에게 눈에 안 보이는 데 가서 살라며 다른 지역에 다방을 다시 차려줬다. 남편은 아가씨를 데리고 떠났다. 3개월 뒤 남편이 죽었다는 소식을 들었다. 그 후 내내 이화 씨는 같은 자리에서 식당을 하고 있다.

술이 무르익는 시간. 어둠이 짙어질수록 죽변의 밤은 환해진다. 옆자리에서 혼자 소주를 마시던 선원은 외로움에 겨웠던지 차 배달을 시켰다. 식당에 온 다방 아가씨가 커피를 따라주고 그녀도 한 잔 마시더니 바로 일어서 나간다. 외로움이 더 깊어진 선원은 다시 혼자 소주잔을 들이켠다. 죽변의 밤이 깊어간다.

| 2부 |

섬 음식

토종홍합

포트 해밀턴에서 맛보는 홍합 요리

거문도에는 조선시대에 만들어진 우리나라 최초의 테니스장이 있었다. 최초의 당구장도 있었다. 그래서 당구 700을 치던 할머니도 있었다. 어떻게 그토록 머나먼 외딴섬에 서양 스포츠 경기장이 가장 먼저 생겼던 것일까?

조선시대에는 거문도가 영국군에게 점령당했던 적이 있었다. 이른바 거문도 사건이다. 러시아의 남진을 막는다는 핑계로 영국 함대는 1885년 4월 15일부터 1887년 2월까지 2년 남짓 거문도를 무단 점령했다. 당시 영국은 거문도를 점령한 뒤 '포트 해밀턴'이라고 불렀다. 영국 해군성 차관이던 해밀턴의 이름을 가져다 붙인 것이다. 영국이 거문도를 점령한 것은 대마도와 제주도 사이에 위치해 지정학적 이점이 있는 데다 섬들로 둘러

싸인 거문도 내항 바다가 호수처럼 잔잔하고 수심 또한 깊어 대형 군함을 정박시키는 데 최적의 장소였기 때문이다.

이때 영국군이 즐기던 스포츠가 테니스와 당구였다. 거문도를 비롯한 남쪽 섬에는 '산다이'라는 놀이 문화가 있다. 바람이 불거나 비가 오는 등 날이 궂어 어업이나 농사일을 못 하게 되면 주민들이 모여서 노래도 부르고 춤도 추며 노는 문화다. 산다이가 산대놀이에서 왔다는 주장도 있지만, 거문도 사람들의 말은 다르다.

영국의 거문도 점령 당시 조선에는 요일이 없었다. 노는 날이 정해져 있지 않았고, 날씨가 좋지 않으면 놀았다. 그런데 영국군들은 일요일이면 무조건 놀았다. 영국군의 주둔지 공사에 동원됐던 거문도 사람들도 일요일은 무조건 놀아야 했다. 그날은 영국군과 거문도 사람들이 한데 어울어져 노래도 부르고 춤도 추고 술도 마셨다. 그 일요일을 영국군들은 '선데이Sunday'라 불렀는데 거문도 사람들에게는 '싼다이'라 들렸다. 그렇게 일을 쉬는 날 노래 부르고 춤추는 문화를 싼다이, '산다이'라 부르게 됐다는 것이다. 그래서 거문도에는 거문도에 주둔하다 사망한 영국군 수병들을 매장한 묘지가 있다. 또 영국군과 조선인 사이에서 태어난 후손들도 살고 있다.

거문도는 여수의 섬이지만 하나가 아니다. 인접해 있는 세 개의 섬 고도, 동도, 서도를 하나로 묶어서 부르는 이름이다. 서도가 가장 크고 동도, 고도 순이다. 지금 세 개의 섬은 다리로 연결돼 한 몸이나 다름없다.

세 섬의 중심지는 고도다. 영국군의 주둔지도 이후 일제시대 일본이 어업 전진기지로 삼았던 곳도 고도다. 그래서 고도에는 영국군 수병묘지와 최초의 테니스장터, 일본식 가옥 들이 남아 있다.

거문도 고도에서 모처럼 토종홍합을 만났다. 진한 홍합탕 국물의 시원함이야 말할 것도 없지만 쫄깃한 홍합 살은 흔히 먹던 그 홍합과는 차원이 다른 맛이다. 홍합은 겨울부터 봄까지가 제철이다. 제철에는 쫄깃하고 탱글탱글한 맛이 더욱 일품이다. 옛사람들이 홍합을 전복보다 귀하게 여겼다는 말이 괜한 소리가 아님을 새삼 깨닫는다.

홍합은 토종과 외래종이 있는데 흔히 먹는 홍합(지중해담치)은 외래종이다. 본래 우리 바다에는 토종홍합만 살았다. 그런데 외국을 왕래하는 화물선의 밸러스트Ballast에 지중해담치의 유생이 섞여 들어오면서 이제는 한국 바다를 지중해담치가 장악했다.

밸러스트는 배에 실은 화물의 양이 적어 균형을 유지하기 어려울 때 안전을 위해 배 바닥에 신는 물이나 자갈 등의 중량물을 의미한다. 유럽으로 화물을 싣고 간 배가 한국으로 되돌아올 때 화물이 가득 차면 다행이지만, 화물이 적거나 빈 배로 와야 할 때는 균형을 맞추기 위해 바닷물을 채워야 한다. 그 바닷물은 한국 바다에 버려지는데 그때 따라 들어온 홍합(지중해담치)들이 번성해 지금은 주인 행세를 하는 것이다.

우리 바다에는 토종홍합과 지중해담치 외에도 비단담치, 털담치 등 13종 내외의 홍합류가 서식 중이다. 홍합은 조갯살이 붉은빛이라 붙여진 홍합은 겨울부터 봄까지가 제철이다.
제철에는 쫄깃하고 탱글탱글한 맛이
더욱 일품이다.

토종홍합찜

이름이라 전해진다. 하지만 실상은 암수에 따라 그 색이 다르다. 암컷은 붉은색, 수컷은 흰색을 띤다. 암홍합의 맛이 더 뛰어나다.

토종홍합은 지중해담치보다 크고 살이 두텁고 탱글탱글하고 쫄깃하다. 맛도 아주 달다. 수심 깊은 바다에서 자생하는 것을 다이버나 해녀 들이 잠수하여 손으로 채취한다. 보통 어른 손바닥만 하다. 토종홍합은 지역에 따라 합자, 합, 열합, 담치, 참담치, 담채, 섭 등의 다양한 이름으로 불렸다. 옛날에는 '동해부인'이란 별칭으로도 불렸다.

동해부인이라니! 이토록 고고한 이름을 가진 조개가 또 있을까? 성질이 따뜻하고 피부를 매끄럽고 윤기 있게 가꿔주기 때문에 홍합을 많이 먹으면 아름다워진다는 속설이 있었다. 그래서 동해부인이라 불리게 된 것이다.

『규합총서』에서도 "바다의 것이 모두 짜지만 홍합만 홀로 싱겁기 때문에 담채淡菜라 하고 또 동해부인東海夫人이라고 한다"고 기록했다. 담채는 담치라고도 불린다. 본래 담채가 시간이 지나면서 담치로 변한 것이라 추정한다.

홍합은 '폴리페놀'이라는 접착력 강한 단백질을 분비해 바위에 몸을 고정시켜 살면서 바닷물의 영양분을 걸러 먹는다. 홍합 하나에서 분비되는 단백질 족사의 접착력은 125킬로그램의 무게를 들어 올릴 정도로 강하다. 홍합의 강력한 접착력이 거친 바다 파도를 버티며 살 수 있게 한다. 토종홍합의 맛과 영양이 뛰어난 것은 그 강한 생명력 때문이 아닐까.

울릉도 토종홍합밥

『동의보감』(1613)에 의하면 홍합은 "오장의 기운을 보호해주며 허리와 다리를 튼튼하게 하며 성기능 장애를 치료한다. 몸이 허약해서 자꾸 마르거나 아기를 낳은 후에 어혈이 생겨 배가 아플 때 이용하면 좋다"고 했다.

홍합은 타우린이 들어 있어 간 기능을 보호하는 효과가 있다. 토종홍합은 다년생인 반면 지중해담치는 1년생이다. 토종홍합은 수심 20미터 안에, 지중해담치는 10미터 안에 산다. 토종홍합은 홍합탕뿐만 아니라 홍합초, 홍합장아찌, 홍합젓갈, 홍합꼬치, 홍합찜, 홍합죽 등 다양하게 요리한다.

토종홍합이야 없어서 못 먹으니 어떻게 먹어도 맛있다. 하지만 그중 홍합밥이 압권이다. 토종홍합이 많이 나오는 울릉도, 백령도 등의 섬 식당에 가면 홍합밥을 맛볼 수 있다. 토종홍합은 통영의 시장 같은 곳에서 직접 구매할 수 있고, 대이작도 같은 섬에서는 택배로도 판매한다.

토종홍합을 구할 수 있다면 울릉도나 백령도에 가지 않고도 집에서 홍합밥을 지어 먹을 수 있다. 쌀은 씻어서 30분간 물에 불려두고 홍합은 껍데기를 까서 깨끗이 씻어놓는다. 솥에 쌀과 물의 양을 맞춘 뒤 홍합을 넣는다. 참기름, 진간장으로 밑간을 해 밥을 짓는다. 홍합에서 물이 많이 나오니 밥물을 잡을 때는 물의 양을 일반적인 밥 짓기보다 3분의 1 정도 줄여야 한다. 간단하지 않은가! 아무튼 직접 지은 홍합밥은 섬 식당에서 사 먹는 홍합밥 그 이상이다. 홍합을 아낌없이 넣을 수 있기 때문이다.

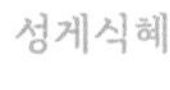

성게식혜

해녀들도 다금바리보다 좋다는 극강의 맛

해녀 작업장에 성게가 산처럼 쌓였다. 아니 성게 꽃이 피었다. 이토록 아름다운 성게라니! 고된 노동의 결실이다. 해녀들은 물질해서 성게를 따오고 하나하나 손수 알을 까고 또 핀셋으로 가시까지 골라내는 지난한 노동을 한다. 그 결과물이 성게 산을 쌓았다. 성게는 그 자체로 보석이니 보석 산이다.

울릉도 가는 길, 구룡포에 잠시 들렀다. 성게 작업 중인 구룡포 노해녀에게 음식 얘기를 들었다. 해녀들도 전복보다 다금바리보다 좋은 것이 성게알이라 한다. "성게는 생으로 먹는 것이 가장 맛있어." "성게 들어가 안 맛난 음식이 없어." "짚신쟁이 헌신 신는다고, 해녀들도 성게를 잡지만 아까워서 많이 못 먹어."

짚신쟁이 헌신 신는다는 말씀이 사무친다. 고달프게 일해서 성게며 전복 같은 귀한 것들을 잡아도 모두 돈 바꿔다 자식들 키우고 학교 공부 시키느라 마음껏 먹지도 못했다. 이제 남은 것은 늙고 병든 몸뿐이다. 해녀 어머니의 성게알, 구슬픈 해녀의 이야기를 들으면서도 달고 고소한 성게알은 살살 녹아 잘만 넘어간다. 염치 같은 건 잊게 만드는 마성의 맛 성게알.

"성게 들어가서 안 맛난 것 없다"고 만나는 해녀마다 말한다. 모두 수출되는 고급 식재료라 맛보기 어려웠던 성게가 우리 밥상과 가까워진 것은 그리 오랜 일이 아니다. 일본 수출 물량이 줄어들면서 성게도 우리를 자주 유혹하지만, 여전히 귀한 음식이다.

성게는 세계적으로 900여 종, 한국의 바다에는 30여 종이 서식하고 있는데, 그중 보라성게, 말똥성게, 분홍성게 등을 식용한다. 우리에게 가장 친숙한 것은 보라성게와 말똥성게다. 보라성게는 봄부터 여름까지 제철이고 말똥성게는 겨울부터 봄까지 제철이다. 성게는 종류에 따라 식성이 조금씩 다르지만, 대체로 바위에 붙은 해초나 고착성 동물을 먹고 산다. 암수 딴 몸인데 잘랐을 때 노란 알만 있는 것이 암컷이고 알 주위로 하얀 액체가 있는 것이 수컷이다. 성게 가시는 부러져도 재생한다.

옛날 기록에는 성게를 '해구海毬' 또는 '해위海蝟'라 했고, 우리말로는 '밤송이조개[栗毬蛤]'라 불렀다. 『자산어보』에서는 성게를 '율구합栗毬蛤'과 '승률구僧栗毬'로 구분하고 있다. "맛은 달고 날로 먹거나 국을 끓여서 먹는

말똥성게는 쌉싸름한 맛이 강하고,
보라성게는 녹진하고 단맛이 강해
부드럽고 고소하다.

▲ 보라성게알

말똥성게알 ▶

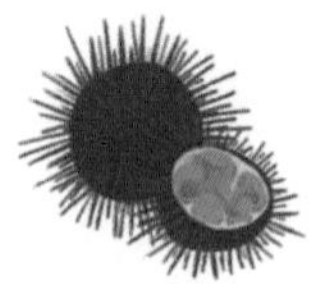

다"고 기록했다. 율구합은 보라성게, 승률구는 말똥성게인 듯하다. 남해안 지역에서는 말똥성게를 밤송이라 부른다.

성게알이라 불리지만 실상은 난소와 정소, 즉 성게의 생식소다. 성게알에는 단백질, 비타민, 철분, 사포닌이 많다. 성게는 군집 생활을 한다. 해초가 많은 곳에 있는 성게는 알이 꽉 차 있지만, 해초가 적은 곳의 성게는 속이 비어 있다. 그래서 해녀들은 하나를 까보고 알이 없으면 무더기로 쌓여 있어도 잡지 않는다. 성게는 가시에 독이 있다. 두꺼운 장갑을 끼고 작업해야 한다. 찔리면 고통스럽기 때문이다.

5~6월 사이에는 보라성게를 10~2월 사이에는 말똥성게를 채취한다. 말똥성게는 쌉싸름한 맛이 강하고 보라성게는 녹진하고 단맛이 강해 부드럽고 고소하다. 바로 잡은 성게가 좋다. 유통되는 성게는 형태를 보존하기 위해 명반을 첨가한다. 바닷가 현지에서 먹는 성게 맛이 가장 좋은 것은 첨가제가 들어가지 않았기 때문이다. 성게는 생으로 먹는 것이 가장 고소하다. 성게젓갈, 성게비빔밥도 흔히 먹는 요리다. 성게알을 말려서 성게알포로 먹기도 한다. 일본인들의 성게 사랑은 유별나서 에도시대에는 천하 삼대 진미의 하나로 꼽을 정도였다. 지금도 성게는 최고급 해물이다.

2000년대 초반까지 해녀들이 잡은 성게알은 전량 일본으로 수출했다. 값싼 중국산 성게가 일본에 수출되면서 국내 공급이 가능해졌다. 그런데 수출길이 막히면서 성게가 증가해 바다 숲을 다 먹어치워 갯녹음화가 확산되고 있다. 그래서 불가사리와 함께 해적생물로 낙인찍기도 했다. 소

"성게 들어가서 안 맛난 것 없다"고

만나는 해녀마다 말한다.

성게식혜

성게밥

말똥성게찜

라와 전복 등은 금어기가 있지만 성게는 금어기가 없는 이유다.

보라성게는 4월부터 6월 말까지 3개월 동안 알이 나온다. 이때는 물때와 관계없이 늘 알이 꽉 차 있다. 2~3월에는 알이 거의 없고 6월 말이면 알을 모두 싸버린다. 말똥성게(앙장구)는 8월부터 이듬해 2월까지 채취한다. 보라성게는 언제나 달다. 하지만 말똥성게는 8~12월에는 달고 1~2월에는 쓰고 떫은 맛이 난다. 하지만 말똥성게가 더 비싸다.

성게로는 못 해 먹는 것이 없다. 성게 1킬로그램이면 다양한 요리를 할 수 있다. 도시에서는 워낙 귀해서 생으로 먹을 것도 부족하지만, 해녀들은 다양한 방식으로 요리해 먹는다. 성게전, 성게계란찜, 성게된장국, 성게젓갈, 성게미역국, 성게식혜(성게냉국), 성게청각무침 등 무궁무진하다. 성게 넣어서 맛없는 것 없다고 말하는 것도 그 때문이다. 성게알의 효소는 알콜 해독에도 뛰어난 효능이 있는 것으로 알려져 있다. 그러니 성게알은 안주인 동시에 해장 음식이다. 술꾼에게 최고다.

구룡포에서 사 온 성게로 성게식혜食醯를 만들었다. 성게식혜는 웬만한 미식가도 맛보지 못했을 토속 요리다. 일반적인 식해와는 다르지만 '초혜醯' 자이고 약간 삭혀 식초까지 넣어 먹는 음식이니 식혜라 해도 무방하겠다. 소금을 넣거나 곡류를 넣어서 가볍게 삭히는 '젓갈 해醢' 자 식해食醢와는 또 다르다. 성게알을 데쳐서 하루 정도 숙성시키는 것이니 생성게알과 미역을 넣고 물을 부어 후루룩 만들어 먹는 성게냉국과도 다르다 할 것이다.

말똥성게는 주로 날로 먹거나 쪄서 먹는다. 찌면 고소하여 밤 맛이 나기도 한다. 그런데 이번에는 말똥성게로 섬 전통 방식의 성게식혜를 만들어본 것이다.

먼저 성게를 끓는 물에 살짝 데친 뒤 국물과 함께 냉장고에 넣어 종일 삭혔다. 저녁때 맞춤하게 삭은 성게에 오이와 대파를 썰어 넣고 식초를 살짝 넣었다. 초 간단 레시피다. 식초를 살짝 넣었는데도 성게 향이 강해 그 독특한 바다 향을 온전히 느낄 수 있다. 국물의 시원함이야 막혔던 속을 뻥 뚫어주고도 남는다. 입맛 없을 때 혹은 술병이 났을 때 해 먹으면 최고다. 성게 미역국이나 냉국과는 또 다른 맛이다.

홍어

"흑산도 사람들은 삭힌 홍어 잘 안 먹어"

입안에서 튀김 옷이 터질 때 확 올라오는 삭힌 홍어의 향, 폭죽이 터지고 화려한 불꽃놀이가 펼쳐지는 듯한 맛. 홍어의 신세계다. 홍어튀김은 익숙함을 뒤집는 판갈이의 맛이다. 주춤하던 술자리의 흥을 더욱 도도하게 만들어주는 비장의 안주다. 홍어전도 만만치 않은 요리지만, 홍어전은 홍어 향이 재료에 퍼져 있어 예상할 수 있는 맛이다. 반면 홍어튀김은 향을 가두었다가 맛을 보여주니 예상 밖의 특별한 맛이 된다.

그런데 홍어의 신세계를 알게 해준 곳은 흑산도가 아니라 경상도 통영의 반다찌집이다. 전라도의 목포도 영산포도 흑산도도 아닌 경상도 땅에서 처음으로 맛본 홍어튀김이라니! 새로운 요리의 탄생지는 본고장보다 새로운 지역인 경우가 많다. 삭힌 홍어도 그렇다. 홍어의 본고장은 흑산도

홍어의 본고장은 흑산도지만
실상 흑산도에는
삭힌 홍어 요리가 없었다.

▲ 삭힌 참홍어

위판장 참홍어 ▶

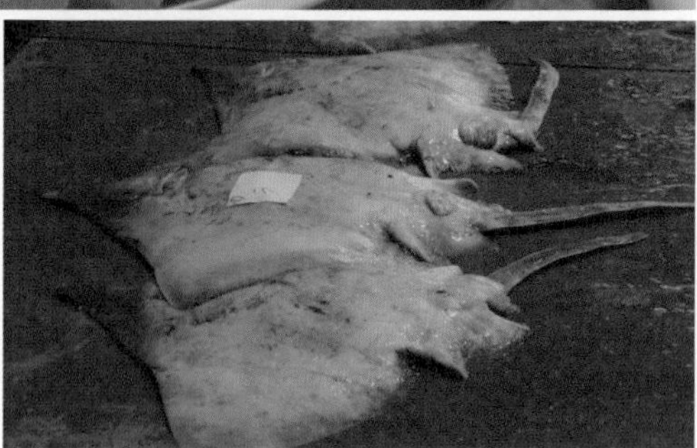

지만 실상 흑산도에는 삭힌 홍어 요리가 없었다. 『자산어보』에도 언급되었듯 삭힌 홍어는 내륙인 나주 지역 음식 문화였다. "나주 가까운 고을에 사는 사람들은 즐겨 썩힌 홍어를 먹는데 지방에 따라 기호가 다르다."

흑산도의 삭힌 홍어는 삭힌 홍어 문화가 전국화되면서 관광 상품으로 역수입된 것이다. 삭힌 홍어 맛을 본 관광객들이 이를 찾으니 흑산도에서도 삭혀서 판매하기 시작한 것이다. 흑산도 노인들을 만나 삭힌 홍어에 대해 물어보면 "우린 삭힌 홍어는 잘 안 먹어"란 대답이 돌아온다.

삭힌 홍어가 탄생하고 꽃피운 곳은 홍어의 본고장인 흑산도가 아니라 나주였다. 홍어의 주요 서식지는 백령도, 대청도 인근 바다다. 그런데도 흑산 홍어를 알아주는 것은 산란 철 홍어들이 흑산도 인근 태도 서바다로 몰려들기 때문이다. 다른 생선들처럼 산란 철 홍어가 더 살찌고 맛있어서 흑산 홍어를 최고로 친 것이다. 흑산 홍어는 동지 무렵부터 잡히지만, 입춘 전후 잡히는 것을 최고로 친다. 그 이후부터는 맛이 떨어진다.

18세기 말 무역선이 표류해 오키나와, 필리핀, 중국 등을 떠돌다 조선으로 송환됐던 풍운아 문순득은 우이도 출신 홍어 장수였는데, 그 또한 태도 서바다에서 홍어를 산 뒤 영산포로 돌아가던 길에 난파당했다. 문순득 같은 홍어 무역상이 뱃길에서 삭힌 홍어를 만들어냈다.

옛날 상인들은 태도 서바다에서 홍어를 비롯한 많은 생선을 사 영산강을 따라 나주의 영산포까지 팔러 다녔다. 날이 좋으면 짧은 시간에 도달할 수 있지만 풍랑을 만나면 뱃길이 길어졌다. 그때 다른 생선은 모두

썩어서 버려야 했으나 홍어만은 썩지 않고 발효됐다. 홍어에는 유난히 많은 요소와 요산이 있었기에 가능했다.

홍어가 죽으면 요소와 요산이 분해되면서 암모니아 가스를 발생시킨다. 이 암모니아 가스가 유해 세균의 번식을 억제해 썩지 않았던 것이다. 당시 홍어는 볏짚으로 덮어서 운반했다. 암모니아 덕에 썩지 않은 홍어는 볏짚 발효 균주의 도움을 받아 삭아서 발효됐다. 그렇게 삭힌 홍어 문화가 탄생했고 흑산도가 아닌 나주를 비롯한 전라도 내륙 지방에서 꽃피우게 됐다.

그런데 홍어는 어째서 막걸리랑 먹는 것일까? 홍어는 강염기성(산을 중화할 수 있고 산과 작용하여 염과 물을 만드는 성질, 보통 알칼리성이라는 말과 구별 없이 쓴다)이기 때문이다. 삭힌 홍어회를 다른 음식 없이 너무 많이 먹으면 위산이 중화돼 소화불량에 걸리기 쉽다. 그래서 산성인 막걸리와 함께 먹는 것이다. 소화력이 약한 사람은 많이 먹어서 좋을 것이 없다.

홍어껍질묵도 근래에 탄생한 음식이다. 흑산도 사람들은 과거에 껍질을 벗기지 않은 홍어를 회로 먹고 판매도 했다. 껍질이 부드럽고 생물이었기 때문이다. 그런데 껍질이 질긴 수입산 홍어가 냉동으로 수입, 유통되면서 질긴 껍질을 벗겨야만 회로 먹을 수 있었다. 그 맛에 익숙해진 도시 소비자들이 껍질을 벗기지 않은 홍어회를 꺼리자 처음에는 뱃살 쪽의 껍질만 벗겨 팔던 국내산 홍어도 나중에는 등까지 다 벗겨서 팔게 됐다.

목포나 영산포, 흑산도 등에서도 처음에는 벗긴 껍질을 탕에 넣고 끓여 먹었는데, 이후 누군가 묵을 만들어 먹었고 그것이 '홍어껍질묵'이라는 음식 문화를 탄생시켰다. 홍어껍질묵은 일반 해초묵과 달리 쫄깃하고 고소하다. 삭힌 홍어와 홍어묵을 통해 고정불변의 음식 문화란 존재하지 않는다는 사실을 다시 한번 깨닫는다.

김국

돌김은 왜 돌김이고 김은 왜 김일까?

압해도는 2008년 5월 목포와 연결됐다. 바람이 차가워지면 압해도 바다에서도 김 수확이 시작된다. 요즈음은 부표를 띄워 키우는 부류식 양식이 대세지만, 압해도 인근 갯벌에서는 아직도 옛날 방식대로 갯벌에 말뚝을 꽂아서 기르는 지주식 김 양식이 주를 이룬다. 부류식에 비해 지주식으로 키운 김이 수확량은 적어도 맛은 뛰어나다.

김의 맛은 당도가 좌우하는데, 늘 물속에 잠겨 있는 부류식 김과 달리 지주식은 하루 두 번씩 썰물 때면 햇볕에 노출되기 때문에 당도가 높다. 햇볕을 많이 받은 과일이 단 것과 같은 이치다. 김은 한대성 해초인지라 보통 1월 하순에서 2월 하순까지 나오는 것을 최상품으로 친다. 좋은 김은 빛깔로 구분한다. 새까만 색이 아니라 맥주병 빛깔이 나는 김이 상품이다.

신안 압해도 김 양식장을 하는 어가에서 김 요리 한 상을 받았다. 겨울은 물김이 나오는 철이라 김 요리도 다양하다. 김밥이나 김무침 정도만 아는 이들에게 이 밥상은 신세계다. 물김회, 물김국, 김냉국, 김덖음, 김장아찌, 김전 등이 상을 가득 채운다. 물론 이런 김 요리는 물김이 나오는 철에만 가능하다. 도시에서 물김을 구하기는 쉽지 않지만 사철 먹을 수 있는 마른 김으로는 언제든 반찬을 만들어 먹을 수 있다.

그중 가장 쉽고 간단한 레시피는 마른 김국이다. 냉국도 따뜻한 국도 가능하다. 먼저 마른 김을 살짝 구운 다음, 온수든 냉수든 준비된 물에 김을 손으로 부숴서 넣는다. 그다음은 취향에 따라 간장으로 간을 한 뒤 참기름 한 방울을 떨어뜨리면 끝이다. 김냉국에는 오이 같은 생채소를 곁들여도 좋다. 마른 김국 또한 해초 향 가득한 풍미가 그만이다.

마른 김으로는 김장아찌를 만들 수도 있다. 어렵지 않다. 먼저 마른 김을 네모나게 자른다. 양념장은 간장, 설탕, 대파, 생강, 마늘을 넣고 끓인 물을 거른 뒤 물엿을 넣고 다시 끓여 만든다. 양념장이 식으면 잘라놓은 김이 잠길 정도로 부은 뒤 숙성시킨다. 김장아찌는 먹기 전에 참기름과 통깨를 넣으면 풍미가 더욱 깊어진다.

그런데 김은 왜 김일까? 명태는 왜 명태일까? 최초로 양식을 한 사람의 성이 김씨였기에 김이라 했다는 이야기가 전한다. 최초로 양식한 사람이 이씨였으면 우리는 김을 '이'라 부르고 있을까? 김밥이 아니고 이밥!

'정월 보름에
밥을 김에 싸서 먹으면
눈이 밝아진다.'

▲ 물김 요리 한상

물김청국장 ▶

한국의 김에 관해서는 『경상도지리지』(1425)에 토산품이라, 『동국여지승람』(1481)에 전라남도 광양군 태인도의 토산이라 기록된 것이 있다. 『한국수산지』(1910)에 그 사연이 전해진다. "영암 출신 김여익이 태인도에서 살고 있었는데 어느 날 바닷가에서 산죽에 해태가 자라는 것을 발견하고 김 양식을 시작했다"고 기록되어 있다. 지금은 제철소가 들어서며 육지가 된 광양 태인도의 김 시배지는 전라남도 지정문화재 제113호로 지정되었고, 기념비까지 세워져 있다.

『자산어보』에서는 김을 '자채紫菜'라고 기록한다. 속명은 '짐'이라 한다고 덧붙이기도 했다. 아직도 전라도 섬 지방에서는 김을 '짐'이라 부른다. 한자어로는 '해의海衣', '자채'라고 한다. 요즈음에는 '해태海苔'로 널리 쓰이지만, 이는 일본식 표기다.

김은 홍조강 보라털목 보라털과 김 속의 해조류다. 세계적으로 80종 이상, 한국에는 10여 종이 있는데 대규모로 양식하는 나라는 한국, 중국, 일본뿐이다. 한국에서 자라는 김 종류는 참김, 방사무늬김, 잇바디돌김, 긴잎돌김, 모무늬돌김 등이 있다. 동해안이나 서남해 먼바다에는 양식이 없고, 자연적으로 바위에서 자라는 김만을 채취해 양이 많지 않다. 바위에 붙어 자란다 해서 '돌김'이라 한다.

시중에 유통되는 '돌김'이란 상표의 김은 참김, 곱창김처럼 종자의 이름이지 자연산 돌김이 아니다. 돌김 종자를 양식으로 길러 판매하는 것이다. 그래서 섬사람들이 채취하는 돌김만이 진짜 바위에 붙은 돌김이다. 돌

김덖음

김냉국

김은 전복껍질 같은 도구로 바위에 붙은 것을 긁어서 채취한다.

김에는 단백질과 비타민이 많은데 김 한 장에 함유된 비타민A는 달걀 두 개분과 맞먹는다. 옛날 속설에 "정월 보름에 밥을 김에 싸서 먹으면 눈이 밝아진다"고 했다. 김에 비타민A가 많이 함유된 것은 이 속설이 실증적 경험에 근거했음을 증명한다. 모든 음식이 그렇듯 김 또한 약으로도 쓰였던 것이다. 음식이 곧 약이라는 말의 의미를 다시 확인한다.

손꽁치

손으로 꽁치를 잡아서 만들어 먹는 물회

울릉도 저동항 노포에서 꽁치물회를 먹는다. 울릉도에 올 때마다 먹는 음식이 있다. 오징어내장탕과 꽁치물회다. 비린 꽁치를 회무침도 아니고 물회로 먹는 것이 가능할까? 그것은 제주도 갈칫국을 처음 대면했을 때의 문화 충격과 다르지 않을 것이다. 오랜 세월 내륙 사람들은 "생선은 비린 것"이란 편견을 지니고 살았다. 지금도 그리 생각하는 이들이 적지 않다. 하지만 생선이 어째서 비리다는 것일까? 그렇게 비린 생선이라면서 어찌 날것인 회는 먹을 수 있단 말인가? 본래부터 비린 생선은 없다. 싱싱하지 않은 생선이 비린 것이다.

과거 내륙 사람들은 싱싱한 생선을 먹기가 어려웠다. 그래서 대부분 소금에 저린 자반고등어나 자반갈치, 아니면 소금에 절여 말린 생선 들을

울릉도에 올 때마다
먹는 음식이 있다.
오징어내장탕과 꽁치물회다.

▲ 꽁치물회

꽁치다대기 ▶

먹었다. 염장 생선은 아무리 간을 잘 해도 운반 과정에서 발효되니 비릴 수밖에 없어 생선이 비리다는 편견이 생긴 것이다. 바다에서 갓 잡아 올린 생선이 비릴 까닭은 없다. 그래서 우럭으로 미역국도 끓이고 갈치호박국도 끓이고 꽁치물회도 만들어 먹을 수 있는 것이다.

과거 울릉도나 동해안 바닷가에는 독특한 꽁치잡이 풍습이 있었다. 뗏목을 타고 나가 낚시나 그물이 아니라 맨손으로 꽁치를 직접 잡았다. 그렇게 잡은 꽁치는 '손꽁치'라 했다. 손꽁치는 그물이나 낚시로 잡은 것보다 신선도가 높았다. 꽁치의 몸에 상처가 나지 않으니 비리지 않았다. 그래서 탄생한 음식이 바로 꽁치물회다. 물론 낚시로 갓 잡아 올린 꽁치로도 물회를 만들어 먹을 수 있다. 울릉도에서는 낚시를 하지 않아도 손으로 잡는 지혜를 터득했으니 손꽁치잡이 어로를 했던 것이다. 이는 울릉도에서도 손꽁치가 잡히는 4~5월에만 맛볼 수 있었지만, 지금은 냉장시설이 발달해 급랭해두고 오래 맛볼 수 있다.

꽁치는 '공치', '청갈치', '추광어' 등으로도 불린다. 꽁치는 한국의 동해와 남해, 아시아, 북아메리카 대륙을 잇는 북태평양 해역에 널리 분포한다. 동해안 꽁치는 일본 남부 바다에서 겨울을 난 뒤 봄과 여름 사이에 북쪽으로 이동하여 동해에서 산란한다. 4~5월에 꽁치들은 산란을 위해 동해안으로 찾아든다. 암컷이 알을 낳은 뒤 수컷의 체외수정이 이루어지며 알은 실과 같은 섬유질 조직을 통해 해조류나 부유물에 부착된다. 수명은 2년 남짓이다. 꽁치는 산란기가 되면 수초에 몸을 비비며 산란하는 특성이 있다. 어부가 수초 사이에 손을 넣으면 꽁치들은 손가락 사이를 콕콕 쑤시고 몸을 비벼대며 산란하려 한다. 이때 어부는 손으로 꽁치를 잡을 수 있다. 물론 울릉도 바다가 '물 반 고기 반'이던 시절 이야기다.

어부들은 천연 수초 사이에서도 꽁치를 잡았지만, 바닷물 위에 잘피나 몰, 가마니 같은 것을 깔아놓고 잡기도 했다. 이때 잡히는 꽁치를 '손꽁치', '햇물꽁치', '몰꽁치'라고도 한다. 산란 철의 꽁치는 기름이 오르고 스트레스나 상처가 적어 선도가 뛰어나다. 이렇게 신선한 꽁치를 이용하여 손꽁치물회, 손꽁치무침 등을 만들어 먹었다. 요즈음은 살아 있는 꽁치라도 바로 요리하지 않고 급랭한 뒤 하루 이상 냉동시킨 후 물회로 만들어 먹는다. 혹시 모를 세균을 제거하기 위해서다.

울릉도나 포항 등 동해안 지역에는 꽁치물회뿐 아니라 꽁치를 활용한 요리가 많다. 포항에서도 꽁치 하나로 다양한 요리들을 만들어낸다. 구워 먹고 끓여 먹는 것은 기본이고 날것은 회로 먹고 횟밥으로 먹고, 꽁치전도 부쳐 먹고 꽁치죽도 끓여 먹는다. 소금에 절여 젓갈로도 담가 먹는다.

다양한 꽁치 요리가 있지만 그중에서도 과메기와 함께 포항을 대표하는 꽁치 요리는 꽁치다대기다. 뼈째 다져서 만든 꽁치완자를 넣고 끓이는 음식인데, 꽁치완자 시락국, 꽁칫국, 꽁치당구국, 꽁치다대기 추어탕, 꽁치시락국수 등 다양한 이름과 형태로 진화해왔다. 꽁치완자 요리는 포항과 울릉도에서 즐기는 향토 음식이다. 울릉도에는 꽁치완자에 섬엉겅퀴를 넣고 끓여 먹기도 한다.

꽁치완자는 꽁치가 많이 나던 시절 싸고 영양가 많은 꽁치를 살뿐만 아니라 뼈까지 다져서 만들어 먹던 지혜로운 요리다. 꽁치완자 시락국을 끓이는 방법은 집집마다 다르다. 그때그때 값싸고 흔한 생선을 넣고 육수를 내는 집도 있고, 멸치육수만 쓰는 집도 있고, 달리 육수를 내지 않고 꽁치완자와 야채만 넣고 끓이는 집도 있다. 꽁치완자를 넣는다는 점만 동일하다. 하지만 이 꽁치완자를 만드는 법도 제각각이다. 꽁치 살과 뼈를 다져서 사용하는 것은 같은데 완자를 만들면서 밀가루를 섞는 집도 있고 밀가루를 쓰지 않고 꽁치만 넣는 집도 있다. 역시 요리에는 고정된 레시피가 없다. 포항 시내나 구룡포의 식당에 가면 꽁치완자를 이용한 다양한 꽁치 요리를 맛볼 수 있다.

낙지호롱

섬사람들의 백병통치약

볏짚에 말아 구운 품격 있는 낙지호롱. 잔칫날 만난 신안의 섬 선도 어머니들의 작품이다. 낙지호롱(낙지꾸리)은 원래 갯벌에서 막 잡아 온 산 낙지를 볏짚에 말아서 찐 다음 다시 불에 살짝 구워서 내는 고급 요리다. 어떤 식당도 이렇게 제대로 하는 곳은 없다. 대체로 냉동낙지를 젓가락에 말아서 굽거나 삶아서 낸다. 모양만 낙지호롱이지 제맛이 아니다. 하지만 섬 어머니들은 오늘도 이토록 찰지고 다디단 호롱을 척척 만든다. 섬이라 가능한 우리 토속 음식의 원형이다.

섬 어머니들의 요리를 맛볼 때마다 음식의 격은 타이어회사 별점이나 플레이팅이나 가격 따위로 매겨지는 것이 아니라는 사실을 깨닫는다. 오랜 세월 섬에서 이어져온 맛의 유전자가 만들어낸 품격을 누가 쉽게 흉내 낼 수 있을까? 섬에서 흔한 재료로 후딱 만들어도 격이 다르다. 선도 어머니의 낙지호롱 요리를 어느 유명 쉐프가 따라올 수 있을까? 섬은 맛의 왕국이다. 고유한 섬 음식이 사라지기 전에 서둘러 기록하고 다니는 이유다.

봄이면 4만 평의 밭이 수선화 꽃으로 만발하는 수선화 섬. 수선화 때문에 조금 알려지기는 했지만 뭍에서 불과 15분 거리인데도 선도를 아는 사람은 여전히 드물다. 아직도 이런 볏짚 낙지호롱이 만들어지는 이유다. 선도 갯벌은 유네스코 생물권 보전 지역으로 지정돼 보호받고 있는 세계자연유산이다. 섬사람들은 그 갯벌에 기대어 살아간다. 면사무소가 있을 정도로 융성했던 적도 있었지만, 이제는 퇴락한 섬이 됐다. 6.3제곱킬로미터(약 190만 5,000평)의 땅에 163가구, 200명이 살아간다.

섬에는 다섯 개 마을이 있는데 대체로 평야와 낮은 언덕으로 이루어져 편안한 느낌이다. 갯벌을 간척해서 만든 논밭이 드넓다. 그래서 과거 선도 주민들은 어업보다는 농업에 기대 살았다. 쌀이 돈이 되던 시절, 굳이 어업에 기대지 않더라도 섬은 곤궁하지 않았다. 외지의 어선들이 앞바다에 몰려와 낙지잡이를 할 때도 선도 사람들은 별 관심을 두지 않았다. 하지만 근래 들어 농사가 돈이 되지 않자 비로소 어업으로 눈을 돌렸다. 외환위기IMF 이후 육지에 살던 출향인들이 낙향하면서 어촌계가 구성되고, 마을 어업면허도 확보해 본격적인 어로 활동이 시작됐다.

선도 사람들은 맨손 낙지잡이도 하지만 대다수는 낚싯바늘을 연달

오랜 세월 섬에서 이어져온
맛의 유전자가 만들어낸 품격을
누가 쉽게 흉내 낼 수 있을까?

▲ 섬 잔칫상

낙지호롱 ▶

아 매단 주낙(연승어업)으로 낙지를 잡는다. 미끼는 주로 서렁게(칠게)를 쓰는데 예전에는 갯벌에서 직접 잡았지만, 이제는 일손이 달려 중국산을 쓴다. 낙지는 중국산이든 국산이든 가리지 않고 먹이를 노리다 걸려든다. 주낙 낙지잡이 적기는 물살의 흐름이 거의 없는 조금 때다. 바람이 많이 불거나 물이 너무 탁하거나 바닥에 파래가 자라기 시작해도 낙지잡이가 어렵다. 낙지는 주로 밤에 전깃불을 밝히고 잡는데 달이 밝을 때 가장 잘 잡힌다. 이때를 '달사리'라 부르고, 이때 잡힌 낙지를 '달사리 낙지'라 한다. 고요한 밤바다 달빛 아래 낙지 잡는 풍경은 꿈인 듯 아련하다. 달사리 낙지로 만든 낙지호롱이라니 어찌 꿈같은 맛이 아닐까.

낙지는 옛날부터 보양식으로 애용했다. 『자산어보』에도 맛이 달콤하고 회, 국, 포를 만들기 좋다고 기록되어 있다. 조상들도 낙지 요리를 애용했던 것이다. 낙지는 한자로 '낙제어絡蹄魚'라 하는데 '얽힌絡 발蹄을 지닌 물고기魚'란 뜻이다. 낙지는 지방 성분이 거의 없고 타우린과 무기질과 아미노산이 듬뿍 들어 있어 조혈 강장뿐 아니라 칼슘의 흡수와 분해를 돕는 건강식이다. 여름날 무더위에 쓰러져 있던 소에게 산낙지 몇 마리를 먹였더니 벌떡 일어나더라는 이야기는 흔하다. 낙지가 일사병에 걸린 소도 살리는 치료제였다는 뜻이다.

의료 사각지대에 살던 섬사람들에게 음식은 곧 약이었다. 섬 지방에서 약용으로 가장 많이 쓰이던 식품도 단연 낙지다. 쓰러진 소처럼 사람 또한 기진맥진해 있다가도 낙지를 잡아다 뜯어먹고 벌떡 일어났다는 얘기도 많다.

그래서 섬 노인들은 낙지를 '백병통치약'이라 칭한다. 무더운 여름날 뙤약볕에서 일하다 일사병에 걸려 쓰러진 사람이나 기력이 쇠해 어지럼증을 앓던 섬사람이 찾던 약도 낙지죽이었다. 뻘낙지를 넣고 푹 끓인 죽을 먹으면 일사병도 어지럼증도 씻은 듯이 나았다. 신안의 압해도나 기점도에서도 낙지죽으로 어지럼증을 치료했고 고흥의 백일도 사람들은 낙지와 찹쌀에 팥을 넣고 끓인 죽으로 어지럼증과 빈혈을 치료했다. 신안 지도에서는 낙지죽을 먹여 귀앓이 병도 치료했다. 그야말로 '식약동원', '약식동원'의 치료제로 쓰이던 음식 재료가 낙지다. 맛도 뛰어나고 건강에도 이로운 낙지 요리, 그중에서도 갯벌 산낙지호롱구이를 맛볼 수 있는 섬이 선도다. 음식은 섬 여행의 크나큰 즐거움이다.

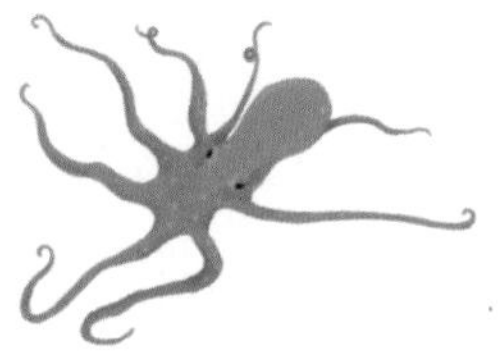

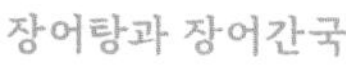

장어탕과 장어간국

서남해 섬사람들의 소울푸드

어제는 목포에서 장어간국으로 해장했는데, 오늘은 신안 장산도에서 장어탕을 먹는다. 장어 사랑은 끝이 없다. 남도의 어느 섬이나 항구를 가도 빠지지 않고 먹는 음식이 장어탕이다. 장어탕은 한국 대부분의 섬과 해안 지역에 있는 음식 문화다. 여수, 통영, 목포, 녹동, 완도, 인천 어느 항포구에도 장어탕집은 있다. 제주도, 흑산도, 장산도, 하의도, 노화도, 보길도에도 장어탕집이 있다.

장어탕은 소울푸드다. 생장어로 끓이는 장어탕이든 마른 장어로 끓이는 장어간국이든 다 좋다. 간국은 마른 생선으로 끓인 남도 섬의 토속 음식이다. 남도 섬사람에게 최고의 식재료는 장어(붕장어)다. 기운 없을 때 보양식도 장어고, 과음한 다음 날 해장에도 장어만 한 것이 없다. 섬사람의 장어 사랑은 끝이 없다. 장어도 생장어보다 마른 장어를 더 즐긴다.

생장어가 날 때는 생으로 먹기도 하지만, 장어는 주로 겨울철에 잘 말려 두고두고 구워 먹거나 맑은국으로 끓여 먹는다. 다른 생선과 달리 소금 간을 하지 않고 말린다. 장어는 겨울에 말려야 전 냄새도 안 나고 깨끗하다. 여름에도 태풍처럼 큰바람이 불 때는 더러 말리기도 한다. 그러나 여름에는 햇빛이 아니라 바람에 말려야 한다. 여름 햇빛에는 마르는 것이 아니라 익기 때문이다.

"여름에는 바람으로 쳐야지 빛으로 치면 안 돼." 장산도 어머니에게 들은 지혜의 말씀이다. 늦가을이나 겨울이 돼야 햇빛과 바람으로 말린다. 마른 장엇국은 다른 육수가 필요 없다. 마른 장어와 무만 넣고 끓여도 충분히 풍미가 깊다. 거기에 대파를 넣으면 더 고소하다. 대파는 많이 넣을수록 좋다. 감칠맛을 더해주기 때문에 천연 조미료 역할을 한다.

유기농으로 농사짓던 시절에는 쌀뜨물을 받아서 장어간국을 끓였다. 쌀뜨물에 끓이면 뽀얀 국물이 사골처럼 진하게 우러나왔다. 하지만 요즈음은 농약에 대한 우려 때문에 쌀뜨물 대신 들깻가루를 쓰기도 한다. 들깻가루는 텁텁하지 않을 정도로만 넣는다. 넣지 않아도 상관없다.

장어는 차가운 물에서 잡힌다. 주로 통발 배가 잡지만, 안강망 배가 심해에서 잡은 장어는 더 굵고 기름지다. 장어는 클수록 맛있다. 구이도 생것보다는 손질해서 반나절 정도 살짝 물기만 빼고 구우면 좋다. 간국용은 이틀 남짓 말린다. 기름이 살짝 배어날 정도가 좋다. 오래 끓일수록 맛있다.

그런데 얼마 전 어떤 뉴스를 보다가 한 음식평론가가 장어에 대해 이야기하는 것을 들었다. “장어를 여름 보양식이라고 생각하는 것은 일본의 영향인 듯합니다.”

과연 그럴까? 바닷가나 섬 사람은 동의할 수 없을 것이다. 앞에서도 이야기한 것처럼 예전에는 우리 앞바다에 가장 흔한 것이 장어였다. 한번 낚시를 가면 100마리는 기본이었다. 늘 먹는 것이 장어였고 여름에는 기름지고 맛이 있어 보양식으로도 애용했다. 섬사람에게 ‘탕’은 으레 장어탕이었다. 그래서 여름철 보양식으로 장어를 먹는 풍습이 일본의 영향이란 말은 이해하기 어렵다. 바닷장어뿐일까? 민물장어 요리도 우리의 토속 음식 문화다. 보양식으로 죽으로 귀하게 먹었다. 옛 문헌도 그를 뒷받침한다.

다산 정약용도 강진 유배 시절에 쓴 시 〈탐진어가〉에 장어 이야기를 남겼다.

其一[기일]

桂浪春水足鰻鱺(계량 봄바다에 뱀장어가 많고)

樽取弓船漾碧漪(푸른 물결 헤치며 활선이 떠나간다)

高鳥風高齊出港(높새바람 드높을 때 일제히 출항해서)

馬兒風緊足歸時(마파람 급히 불 때 가득 싣고 돌아올 때라네)

남도의 어느 섬이나 항구를 가도
빠지지 않고 먹는 음식이
장어탕이다.

민박집 장어탕 밥상

매천 황현(1855~1910)의 『매천속집』에도 '밀양 효자 박기재'와 뱀장어 이야기가 실려 있다. 뱀장어로 할머니의 병을 치료했다는 이야기다. 장어탕은 기력이 쇠했을 때 먹으면 바로 효과를 볼 수 있는 귀한 보양식이다. 장어탕을 잘 끓이는 비법? 그런 것은 없다. 그냥 굵고 실한 놈, 싱싱한 놈이면 무조건 맛있다. 요리 비법의 99퍼센트는 좋은 재료다. 좋은 재료를 고를 줄 아는 안목이 비법이라면 비법이다.

붙박이 어종인 장어도 겨울이면 월동에 들어간다. 깊은 바닷속으로 들어가 한데 뭉쳐 월동을 한다. 장산도에서 만난 어부 노인의 증언이다. "장어 그게 뱀하고 똑같아. 한 구덩이 뭉쳐서 겨울을 나. 그래서 구덩이만 찾으면 겨울에도 많이 잡아."

『자산어보』에서는 "장어를 해만리海鰻鱺라 하며 속명을 장어長魚라 하는데, 맛이 달콤하고 짙으며 사람에게 이롭다. 오랫동안 설사를 하는 사람은 이 물고기로 죽을 끓여 먹으면 낫는다"고 했다. 또 "장어長漁는 뱀처럼 머리를 잘라내지 않으면 죽지 않는다"고 기록했다. 과장이지만 그만큼 장어의 생명력이 강하다는 이야기다. 장어는 경골어류 뱀장어목인데 뱀장어, 갯장어, 붕장어가 모두 장어 종류다. 흔히 먹장어(곰장어)도 장어라 부르지만, 먹장어는 실상 어류가 아니다. 턱뼈가 없어 무악류로 분류한다.

회로 즐겨 먹는 아나고[穴子]는 붕장어의 일본말이다. 일반적으로 '바닷장어'라고 하면 이 붕장어를 말한다. 붕장어의 속명Conger은 그리스어 '콩그로스Congros'에서 유래했다. 구멍을 뚫는 고기란 뜻이다. 일본 이름 아

흑산도 장어간국

목포 장어탕

나고 역시 모랫바닥을 뚫고 들어가는 장어의 습성을 따서 붙여진 것이다.

장어류는 야행성이다. 그래서 어부들은 밤에 장어 낚시를 다닌다. 특히 붕장어는 다른 물고기가 잠든 사이 습격해서 닥치는 대로 집어삼킨다. 그 난폭함 때문에 '바다의 갱'이라 불린다. 붕장어 회는 다른 생선회와 달리 무채처럼 가늘게 썰어서 물기를 꼭 짜낸 뒤 먹는다. 괜히 그러는 게 아니다. 핏속에 있는 '이크티오헤모톡신'이라는 독을 제거하기 위해서다.

밤에 장어를 잡는 '뜰빵 낚시'는 바늘 없는 낚시 방법이다. 갈고리처럼 구부러진 낚싯바늘이 아니라 못처럼 쭉 뻗은 일자형 낚시다. 갈고리가 없는데 어찌 잡힐까 싶지만 가능하다. 한번 물면 먹잇감을 놓지 않는 장어의 탐욕스러운 성질을 이용한 낚시법이다. 숙달되면 생산성도 높다. 바늘에 걸린 것을 빼고 자시고 할 일이 없기 때문이다. 걸린 데가 없으니 뱃전으로 건져 올리면 장어는 알아서 떨어진다. 대신 먹이를 물었을 때 바로 낚아채서 선체에 닿지 않게 배 위로 올리는 게 기술이다.

"마른 장어를 구워서 기름장에 찍어 묵으면 얼마나 맛난지 몰라." 평생 장어를 잡고 또 먹어본 장산도 어부 노인은 여전히 장어가 맛있다고 예찬이다. 내륙 사람들은 바닷장어 맛을 잘 모른다. 뱀처럼 생긴 징그러운 모양새 때문에 피하기도 한다. 하지만 해안이나 섬 지방 사람들은 장어를 최고의 물고기로 친다. 장어탕은 호박이 나오는 철에 호박을 넣고 끓이면 그 맛이 최고다. 어부 노인이 뜰빵 낚시로 잡아 온 장어로 안주인이 끓여 낸 호박장어탕이 달다.

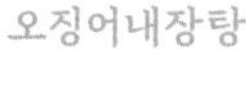

까마귀 잡아먹는 도적, 오징어

울릉도에 오면 한 끼는 오징어내장탕을 먹는다. 별미라서가 아니라 울릉도의 상징과 같은 음식이기 때문이다. 육지에서는 먹지 않고 버리는 오징어 내장을 국으로 먹을 수 있는 것은 선도 때문이다. 유통 과정에서 변질되는 육지 오징어와 달리 갓 잡아 온 오징어 내장으로 끓이는 울릉도 내장탕은 맑고 깔끔하다. 술이나 험한 뱃길에 시달린 속을 풀어주는 해장국으로도 그만이다.

오징어의 옛 이름은 '오적어烏賊魚'다. 한때 명태와 함께 한국인이 즐겨 먹는 수산물 1~2위를 다투기도 했다. 하지만 바다에서는 오징어를 쉽게 볼 수가 없다. 낮 동안에는 수심 200~300미터 지대에 살다가 밤에만 20~50미터 안팎의 얕은 수심으로 올라오기 때문이다. 오징어는 주광성이라 빛을 찾아 모여든다. 오징어잡이 배가 집어등을 걸고 조업하는 것은 그 때문이다. 오징어는 타우린 함량이 다른 어패류에 비해 2~3배나 많고 단백질 함량이 수산물 중 가장 높다.

『자산어보』에서는 "남월지南越志에서 이르기를 그 성질이 까마귀를 즐겨 먹어서, 매일 물 위에 떠 있다가 날아가던 까마귀가 이것을 보고 죽은 줄 알고 쪼면 곧 그 까마귀를 감아 잡아가지고 물속에 들어가 먹으므로 오적烏賊이라 이름 지었는데, 까마귀를 해치는 도적이라는 뜻이다라고 하였다. 등에 긴 뼈가 있는데 타원형이다. 살은 매우 무르고 연하다. 알이 있다. 속에 주머니가 있어 먹물을 가득 담고 있다. 오징어를 침범하는 것이 있으면 먹물을 내뿜어서 그것을 현혹한다. 먹물을 취하여 글씨를 쓰면 색에 윤기가 있고 오래되면 벗겨져 흔적이 없어진다. 그런데 바닷물에 넣으면 먹의 흔적이 다시 살아난다고 한다. 등은 검붉고 반문이 있다. 맛은 감미로워 회나 포감으로 좋다. 그 뼈는 곧잘 상처를 아물게 하고 새살이 나게 한다. 뼈는 또한 말의 상처와 당나귀의 등창을 다스리는데, 뼈가 아니면 이것들을 고치지 못한다"고 그 생태를 기록하고 있다.

오징어는 전 세계에 450~500종. 한국 연안에는 8종이 사는 것으로 알려져 있다. 오징어 중 가장 큰 종은 대왕오징어류인 대양대왕오징어 Architheutis harveyi로 대서양에 사는데 15.2미터에 이르고 가장 작은 종은 애기오징어류로 1.6센티미터에 불과하다. 그밖에도 갑오징어, 무늬오징어, 반디오징어, 쇠오징어, 화살오징어, 창오징어, 흰오징어 등이 있는데 울릉도

유통 과정에서 변질되는 육지 오징어와 달리
갓 잡아 온 오징어 내장으로 끓이는
울릉도 내장탕은 맑고 깔끔하다.

▲ 오징어내장탕

오징엇국 ▶

오징어의 주종은 살오징어다. 일반적으로 몸속에 석회질의 갑라甲羅가 들어 있는 종류는 '갑오징어'라 부르고, 얇고 투명한 연갑軟甲이 들어 있는 종류는 '오징어'라 한다. 오징어 다리는 10개, 문어 다리는 8개다. 손암이 소개한 『자산어보』 속의 오징어는 갑오징어다.

오징어는 여름, 가을, 겨울에 동중국해 중북부 해역에서 산란, 부화되어 동해 및 대화퇴와 황해로 북상했다가 다시 남하하는 회유 과정에서 계속 성장, 소멸하기 때문에 일반적으로 7월에서 다음 해 2월 사이에 집중적으로 어장이 형성된다. 수컷은 교접 후에, 암컷은 산란 후에 쇠약해져 죽는다. 오징어는 냉동 보관이 아닐 경우 1~2일이 경과하면 휘발성 염기질소와 비린내의 주성분인 트리메탈아민 등이 생성되어 향과 맛이 나빠진다.

한때는 울릉도 수산물 판매액의 96퍼센트가 오징어였다. 1902년부터 울릉도에서 본격적인 오징어잡이가 시작됐는데, 오징어잡이 전성기였던 1910년대에 일본인들이 울릉도로 대거 이주했다가 쇠퇴기인 1930년대에는 대부분 떠났다. 오징어와 명태 조업이 전성기를 구가하던 1970~1980년대에는 울릉도 또한 전성기였다. 1974년에는 울릉도 인구가 2만 9,810명이나 됐지만, 지금은 3분의 1인 1만 명 내외로 줄었다. 1970년대 후반 울릉도 인구의 64퍼센트가 수산업에 종사했는데, 현재는 10퍼센트 내외다. 1990년대 중반 이후 오징어잡이가 쇠퇴하기 시작해 지금껏 지속되고 있는 것은 인구 감소의 원인 중 하나다. 2004년 북한과 중국 회사

간에 동해 공동어로 협약 이후 동해 북쪽 어장에서 중국 어선이 연간 10만 톤이 넘는 오징어를 싹쓸이하면서 울릉도 오징어잡이에 심대한 타격을 미치고 있다. 이제는 울릉도에서도 오징어를 구경하기 힘든 지경이다.

거기에 더해 수온 변화도 울릉도 해역에서 오징어가 사라진 원인 중 하나다. 울릉도 오징어의 주 어종인 살오징어는 다년생인데, 가을에 동중국해와 일본의 동쪽 연안에서 태어나 대마 난류를 타고 동해로 와서 성장한 뒤 산란장으로 되돌아가 산란 직후 일생을 마친다. 살오징어는 섭씨 12~18도에서 어장을 형성하는데, 지구 환경 변화에 따른 기후 변화로 9~10월 울릉도 바다에 형성되던 12~18도의 수온대가 울릉도 먼바다로 북상하게 되어 울릉도 오징어 어장의 쇠퇴를 가져온 것이다.

오징어 내장 중 흰 창자를 이용해 끓인 음식이 오징어내장탕이다. 오징어 내장은 쉽게 부패하기도 하거니와 내장에 기생하는 기생충 아나사키스 때문에 식용으로 잘 쓰지 않는다. 하지만 식량이 부족했던 옛날에는 오징어잡이가 시작될 때부터 내장을 버리지 않고 식용했다. 지금 오징어 내장은 냉동해두고 사철 먹지만, 본격적인 오징어 철인 가을과 겨울에 먹는 것이 더 맛있다.

오징어 내장은 크게 두 가지 색으로 나뉘는데, 적갈색은 간장 부위, 흰색은 기타 내장기관이다. 흰색의 내장 가운데 심장, 수란관, 맹장, 난소 등을 내장탕 재료로 쓴다. 내장탕은 계절마다 제철에 나오는 채소를 이용해 끓인다. 숙취 해소에 탁월한 효능이 있는 것으로 알려져 있다. 신선한 오징어가 있다면 직접 끓여 먹을 수도 있다. 오징어 내장을 깨끗이 씻어 물기를 뺀 다음 냄비에 물과 오징어, 호박, 콩나물, 파, 무, 양파 등을 넣고 끓인다. 간단하다.

민어

슬기로운 민어 탐구 생활

영광 낙월도 민어회 밥상은 품격이 다르다. 수많은 곳에서 민어 요리를 맛봤지만 단연 최고다. 민어의 계절이 돌아왔다. 삼복더위가 절정에 이를 무렵이면 민어 값도 천정부지로 뛴다. 그런데 말복이 지나면 민어 값이 뚝 떨어진다. 그렇다고 맛도 떨어지는 것은 아니다. 조금 기다렸다 먹으면 된다. 수도권에 사는 이들은 멀리 갈 것 없이 인천 신포시장 민어 골목에 가는 것도 좋겠다. 오래된 인천의 민어 문화가 남아 있다.

유명 민어집 중에는 여름 민어보다 맛도 없고 값도 10분의 1밖에 안 되는 겨울 민어를 냉동해놨다가 여름에 풀어 폭리를 취하는 집도 더러 있다. 그래서 민어 맛을 못 느끼게 초장에 푹 담가 먹으라고 권한다. 아는 만큼 본질이 보인다. 음식도 그렇다. 이제 민어의 세계로 들어가보자. 슬기로운 민어 탐구 생활쯤 되겠다.

마늘 뽑고 양파 캐어 말리던 늦은 오후,/ 구년은 자랐을 법한 일 미터의 십키로짜리 숫치를 토방에 눕히고/ 추렴하여 내온 병쓰메에 네 등살은 막장에 얹어 먹고/ 목살은 묵은지에 감아 먹고 늙은 오이짠지는 볼살에 얹어 먹고/ 고추 참기름 장에는 부레와 갯무래기 뱃살을 적셔 먹고/ 갈비뼈와 등지느러미 살은 잘게 조사서/ 가는 소금으로 엮어내는 뼈다짐으로 먹어도 좋고/ 내장과 간은 데쳐서 젓새우 고추장에 볶아내고/ 쓸개는 어혈이 많아 어깨가 쳐진 친구에게 내어주고/ 아래 턱 위에 붙어 있는 입술 살은 두 점밖에 안 나오니 내가 먹어도 될 성싶은

한국인 최초 이종격투기 선수 출신 요리사 김옥종 시인은 그의 시 〈민어의 노래〉에서 민어 먹는 법을 이렇게 안내한다. 민어를 이토록 찰지게 노래한 글은 본 적이 없다. 민어의 메카인 신안군 송도 위판장 부근 섬지도에 살았던 요리사의 요리법이니 최고의 레시피일 것이다. 요즈음이야 삼계탕이 대세지만, 옛날 삼복더위를 이기는 데 최고로 쳤던 음식은 민어탕이었다. 그래서 "복달임에 민어탕은 일품, 도미찜은 이품, 보신탕은 하품"이라는 식담도 생겼던 것이다. 삼복중에 민어가 가장 많이 잡히는 곳은 신안의 임자도 인근 바다다. 회유성 어족인 민어가 산란을 위해 몸을 풀러 오기 때문이다.

민어는 5월 말부터 8월 말까지 이 바다에 머물며 새우를 잡아먹고 산란한 뒤 떠난다. 민어는 새우를 특히 좋아하는데 전국 새우젓 생산량의 70퍼센트가 여기서 나온다. 임자도 바다는 최고의 새우 어장이다. 금값만큼이나 비싸다는 그 귀한 오젓·육젓 새우를 배 터지게 먹고 살이 오를 대로 오른 민어들. 2020년 6월에는 최상품 육젓 새우젓 한 드럼(250킬로그램)이 2250만 원에 낙찰되기도 했다. 1킬로그램에 9만 원이니 고급 횟감인 참다랑어 뱃살보다 비싸다. 그 귀한 오젓·육젓 새우들을 먹고 살찐 민어는 그야말로 '금 민어'다.

송도 위판장에서 경매된 민어는 2018년에 376톤(90억 원), 2019년에는 384톤(80억 원)이었다. 전국에서 최고로 많은 민어가 거래되는 곳이 송도 위판장이다. 송도 위판장에 들어온 민어들이 전국 각지의 횟집들로 흩어져 여름 보양식으로 식탁에 오른다. 『한국수산지韓國水産誌』(1908)에 따르면 옛날부터 이름난 민어 어장은 신안의 임자도와 인천의 덕적도, 평안도 신도 바다 등이었다. 임자도 앞바다는 1906년경부터 일본의 안강망 어선들이 조업했을 정도로 일본에도 잘 알려져 있었다.

여름철 송도 위판장에서 민어를 낙찰받은 중매인은 주문받은 민어를 얼음 상자에 채워 택배로 보낸다. 위판장 옆 판매장에 직접 찾아와 구매하는 이들도 적지 않다. 또 어떤 이들은 판매장에서 민어를 구매한 뒤 즉석에서 회를 떠 판매장 2층 식당으로 가져가 맛본다. 이곳에서 맛보는 민어회는 도시 횟집과는 비교할 수 없이 특별하다. 도시에서 민어회를 맛본 사람들은 민어회가 원래 무르고 심심하다고 생각한다. 물론 다른 생선에 비해 민어가 무르기는 하지만, 갓 잡아 온 민어회는 절대 무르지도 심심하지도 않다. 쫄깃하고 고소하다. 오래된 것이 무르다. 그걸 숙성된 맛이라 우기는 이들도 있지만, 잡힌 지 오래된 민어의 물러터진 맛일 뿐이다. 바로 잡은 민어는 적당히 숙성해도 찰지고 쫄깃하기까지 하다.

민어는 선어가 더 맛있다고 주장하는 이들도 있으나, 이 또한 진리는 아니다. 선어는 선어대로 활어는 활어대로 차원이 다른 맛이 있을 뿐이다. 배에서 낚시로 갓 잡거나 정치망에서 바로 건져 온 민어를 맛본 이라면 활민어가 얼마나 고소하고 달달한지 안다. 음식이란 결국 경험치다. 경험해보지 못한 것을 예단해서는 안 되는 것이다.

송도 위판장 활선어 21번 중매인은 16년째 민어를 경매로 받아 도소매하는 베테랑이다. 그는 "횟감은 수치(숫놈)가 최고"라고 엄지를 치켜세운다. 수치는 육질이 좋고 뱃살이 많아 선호도가 높다고 한다. "수치는 배받이살이 최고예요. 거기 먹으려고 수치 먹어요." 산란 철 암컷은 알이 꽉 차서 뱃살이 거의 없다. 횟감보다는 탕거리나 건정(마른 생선)용으로 많이 나간다. 그래서 초복과 중복 사이에는 수치가 암치보다 1킬로그램당 1만 원 이상 비싸다.

상인들도 선어를 숙성한 것보다는 활민어를 세네 시간 얼음에 재워 숙성시킨 것이 가장 맛있다고 이야기한다. 활민어는 특급, 배에서 잡아 얼음에 재운 지 3~4일 된 선어는 A급, 7일 정도 되는 것은 B급으로 친다. 그

"복달임에 민어탕은 일품,

도미찜은 이품, 보신탕은 하품."

▲ 민어 요리 한 상

민어뱃살회 ▶

이상은 하급이다. 민어는 잡아서 바로 위탁 판매되기도 하지만, 양이 많지 않을 때는 잡아서 피를 뺀 뒤 어선 저장실에 모아놓았다가 한꺼번에 위판장으로 가져온다.

그래서 아주 신선한 선어라도 3~4일, 좀 더 시간이 지난 것은 일주일쯤 된 것들이다. 이 선어들은 서울의 노량진 수산시장이나 가락동 수산시장으로 가서 경매를 한 번 더 거친 뒤 횟집으로 흩어진다. A급 민어라도 횟집 식탁에 오르기까지는 5~6일, B급이라면 7~8일 이상이 지나야 한다. 선어 숙성회보다 갓 잡은 활민어 숙성회가 맛있을 수밖에 없는 이유다.

하지만 서울에서도 최고를 고집하는 횟집은 꼭 활민어를 잡아 피를 뺀 뒤 택배로 받아서 쓴다. 한 대표는 1킬로그램당 가격이 1~2만 원씩 비싸도 활민어를 고집하는 횟집이 있다고 귀띔한다. 그 횟집은 대부분 강남의 고급 일식집이다. 고급 식재료로 고가 전략을 쓰는 집이다. 서민들은 넘볼 수 없는 맛의 세계를 서울 한복판에서도 누릴 사람은 다 누린다. 저렴하게 싱싱한 활민어 맛을 보려면 송도 위판장을 찾아가거나 택배로 주문해서 먹는 것도 방법이다.

중매인들은 주문을 받으면 손님의 요구에 따라 먹기 좋게 회를 떠서 고속버스 편으로 보내주기도 한다. 아침에 주문하면 갓 잡아 온 신선한 민어회를 오후에 서울에서 맛볼 수 있는 것이다. 민어 맛을 좀 아는 이들이 회식을 하거나 추렴을 할 때 주로 사용하는 방법이다. 민어 시세는 복중에 최정점을 찍었다가 말복이 지나면 급락한다. 말복이 지나면서 오히려

민어전

더 많은 민어가 잡히지만, 수요가 줄어들어 가격은 3분의 1 수준까지 떨어지기도 한다. 이때를 기다렸다 민어회를 맛보는 것도 방법이다.

알이 꽉 차거나 알을 낳아버린 암치는 맛이 덜하니 횟감은 역시 수치가 좋다. 위판장 판매점에서 민어 선어의 신선도를 확인하는 방법도 있다. 눈알이 투명하고 아가미가 선홍빛이고 살을 눌렀을 때 단단하고 탄력이 있어야 신선도가 높은 것이다.

민어民魚는 농어목 민어과 민어속의 난류성 어류다. 『자산어보』에서는 민어를 '면어鮸魚'라 하고, 그 속명을 '민어民魚'라 한다고 했다. 낮에는 깊은 바다에 있다가 밤이면 수면으로 이동하는 습성이 있다. 민어는 지역이나 크기에 따라 부르는 이름이 각각이다. 보통 가장 큰 민어만을 '민어'라 하고 중간치는 '통방맹이', 작은 것은 '통치'라 한다.

전남 지역에선 대민어를 '개우치', 영광에서는 30센티미터 내외를 '홍치', 완도에서는 작은 것을 '불퉁거리'라고 불렀다. 인천에서는 두 뼘 미만의 것을 '보굴치', 세 뼘 내외는 '어스레기', 네 뼘 이상만을 민어라 했다. 요새 송도 위판장에서는 2킬로그램 미만은 통치, 2킬로그램 이상은 모두 민어라 부른다. 위판장에서 나오는 민어 중 가장 큰 것은 20킬로그램쯤 된다. 대부분 암치다. 수치는 크다 해도 15킬로그램 내외다.

민어는 회나 탕, 구이뿐만 아니라 포, 알포, 알젓으로도 명성이 드높았다. 쓸개 빼고는 다 먹었다. 워낙 큰 생선이니 참치처럼 부위마다 맛이 달라 먹는 법도 제각각이다. 그래서 김옥종 시인은 "등살은 막장에 얹어 먹고 목살은 묵은지에 감아 먹고 늙은 오이짠지는 볼살에 얹어 먹고 고추 참기름 장에는 부레와 갯무래기 뱃살을 적셔 먹고 갈비뼈와 등지느러미 살은 잘게 조사서 가는 소금으로 엮어내는 뼈다짐으로 먹는" 것이라 노래했다.

민어는 머릿살과 껍질 맛이 특히 뛰어나다. 옛날부터 껍질은 데치거나 날로 먹기도 했는데 "민어껍질에 밥 싸 먹다 논밭 다 팔았다"는 식담이 있을 정도로 인기가 높았다. 민어전은 생선전 중에 으뜸으로 친다. 부드럽고 고소한 민어 살이 입에서 살살 녹는다. 접착제가 귀하던 옛날에는 소가죽은 녹여서 아교로, 민어 부레는 끓여서 어교를 만들어 썼다. 부레는 생으로 먹기도 하는데 기름 소금장에 찍으면 그 풍미를 제대로 느낄 수 있다.

민어탕에도 부레가 들어가야 국물 맛이 진하게 우러난다. 부레는 속에 소를 채워 민어 순대로 만들어 먹기도 했다. 임자도 사람들은 여름 민어를 말려놨다가 두고두고 먹었다. 마른 민어는 찜으로도 먹고 탕으로도 끓여 먹는데, 특히 산도라지를 넣고 끓인 마른 민어탕은 최고의 산모 보양식으로 여겼다. 남자들은 강장에 좋은 더덕을 넣고 끓여 먹었다. 특급 레시피가 섬에 숨겨져 있다.

민어는 조기처럼 군단으로 몰려다녔다. 노인 어부들은 옛날 임자도 바다에 민어 떼가 몰려들면 "빨건 민어의 등이 물에 비쳐서 바다가 온통 빨갰다"고 증언한다. 민어는 개구리처럼 왁왁 울어댔다. 민어 울음소리 때문에 시끄러워 잠을 잘 수 없을 정도였다. 공기 조절 기관인 부레에서 나는 소리였다. 옛날 어부들은 대통을 물속에 꽂아 귀로 들어보고 민어가 어디쯤 오고 있는지를 알았다.

과거에는 임자도뿐만 아니라 인천 앞바다 덕적도와 굴업도 역시 민어의 산란장이었기에 인천에는 여전히 민어를 먹는 전통이 있다. 인천 신포시장에 민어 전문 횟집이 있는 것은 그 때문이다. 그런데 민어의 생산량은 해마다 줄어들고 있다. 1924년에는 2만 톤까지 잡혔다는 기록이 있지만, 2017년에는 3,692톤밖에 안 됐다. 우리는 언제까지 이 바다에서 나오는 민어를 맛볼 수 있을까?

세월은 소리 내어 울지 않는 것,/ 민어 몇 마리 돌아왔다고 기다림이 끝난 것은 아니다./ 새우 놀던 모래밭을 파헤쳐/ 집 지을 때부터 플랑크톤이 없던 모래밭에/ 새끼를 품어 내지 못한 오젓, 육젓이 밴댕이를 울리고/ 깡다리를 울리고/ 병어를 울리고/ 네 입맛 다실 갯지렁이도 없는 바다에 올라 칼끝에 노래하던/ 민어의 복숭아 빛 속살은 다시 볼 수 없으리라.

-김옥종 <민어의 노래> 중에서

다시마

첫 사람의 속살만큼이나 투명한 다시마

생일도는 민박집 밥상이 어느 귀한 집 한정식 밥상보다 더 호사스럽다. 배말(따개비)구이는 전복구이보다 맛있고 배말탕국은 입에 착착 감긴다. 거북손탕국은 게살스프보다 달콤하고 군소무침은 쫄깃하고, 데친 해삼무침은 입에서 살살 녹는다. 큼직하게 썰어낸 생일도 전복은 눈으로 이미 최고의 맛을 인증한다. 가사리된장국은 생일도 특산 다시마와 표고, 굵은 참멸치로 우려낸 국물이 3년 동안 쌓인 술독을 다 씻어내준다.

늘 조연이었던 다시마가 생일도에서는 주인공 자리에 앉았다. 생일도 다시마는 워낙에 뛰어난 맛을 자랑하기 때문이다. 우리가 알던 그 다시마가 아니다. 생일도 양식 어민들은 지상 최고의 사육사다. 호랑이나 사자는 물론 고래 따위도 시시해서 사육하지 않는다. 어민들은 바다를 사육한다.

생일도 다시마는

눈이 시리도록 투명하다.

▲ 다시마데침

◀ 다시마새우전

거북손탕국

군소무침

어민들은 그 사나운 바다를 길들이는 데 성공했다. 유순해진 바다는 다시 마며 미역, 톳, 전복 같은 해산물을 키워낸다. 그래서 내해와 외해의 경계인 청정해역에 자리한 생일도 해산물들은 양식이지만 자연산 못지않다.

그렇게 자란 생일도 다시마는 눈이 시리도록 투명하다. 다시마쌈도 좋지만 다시마전은 바다를 통째로 씹어 먹는 듯한 느낌을 준다. 다시마는 갈조류에 속하는 여러해살이 대형 바닷말이다. 북해도가 원산지로 알려져 있다. 가을이면 포자를 방출하고 줄기와 잎은 녹아 없어진다. 포자는 물속을 떠다니다 수정한 뒤 바위에 붙어 자란다. 여러해살이지만 잎은 해마다 녹아 없어졌다 새로 돋아나길 반복한다.

『신증동국여지승람』(1530)에서는 함경도, 평안도, 경상도 등의 토산품이라고 한다. 『임하필기』(1871)에서는 "다시마를 곤포라고도 한다"고 소개하고 있다. 한대성 해초였던 다시마가 지금은 서남해안에도 자라고 있다.

해산물 모듬 숙회

흑해삼볶음

1967년 재일한국인 수산증식 연구자의 도움으로 북해도수산연구소에서 엽체를 얻어 포자 배양을 시도했으나 실패하고 이듬해 다시 북해도수산연구소에서 참다시마를 기증받아 배양에 성공했다. 그 이후 더위에 견딜 수 있는 다시마 종자가 또 개발되면서 전국 바다에 광범위하게 분포하게 됐다.

다시마는 오뉴월에 채취해 말려 저장해두고 내내 먹는다. 섬유질이 많지만 칼로리가 낮다. 알긴산Alginic acid 성분은 장운동을 촉진시켜 변비에 효과가 있는데, 다시마의 30퍼센트가 알긴산 성분이다. 체중을 줄이는 데 효과적인 식품이다. 칼슘, 칼륨, 마그네슘 등 미네랄이 50여 종이나 되며 후코이단Fucoidan 성분은 종양을 억제하고 콜레스테롤 수치를 낮추는 데 뛰어난 효능이 있다고 한다. 다시마는 쌈으로 먹거나 말려서 국물을 내는 데 사용하는 것이 일반적이지만 다시마 밥이나 전, 줄기무침 등 다양한 방법으로 요리한다. 생일도에서 다시마 요리의 신세계를 경험했다.

보리숭어

보리 꽃 필 때 먹는 으뜸 물고기

복어가 아니다. 종잇장처럼 얇게 포 뜬, 이토록 아름다운 숭어회라니! 음식은 칼 맛이고 눈맛이기도 하다. 4월 중순 보리가 익어갈 무렵이면 보리숭어가 제철이다. 숭어는 얇게 썰수록 맛있다. 단단한 살맛이 복어회에 필적할 만하다. 모처럼 칼 맛 좋은 보리숭어회를 맛본다. 숭어는 흔한 물고기라 대접을 못 받는 편이지만 우습게 보면 안 된다.

숭어崇魚의 숭은 '높을 숭嵩' 자이다. 옛 이름은 '빼어날 수秀' 자를 쓰는 수어秀魚였다. 하찮은 물고기가 아니란 뜻이다. 오히려 으뜸으로 대우받던 물고기다. 산지나 철에 따라 맛의 차이가 크고 펄 냄새가 나는 것이 천대의 원인이기도 하다. 그런데 참숭어든 가숭어든 제철에 깨끗한 바다에서 잡히는 숭어는 다른 어느 생선보다 맛이 뛰어나다. 『자산어보』에서는

"맛이 좋아 물고기 중에서 제1이다" 했다. 『향약집성방』(1433)에서는 "숭어를 먹으면 위를 편하게 하고 오장을 다스리며, 백약百藥에 어울린다" 했다. 횟집에서 숭어라고 주저하는 이들을 더러 봤다. 고민할 것 없이 무조건 드시라. 절대 후회하지 않는다.

숭어처럼 이름이 많은 물고기가 또 있을까? 지역이나 크기에 따라 이름이 제각각인 물고기는 많다. 도미 어린것은 '상사리', 농어 어린것은 '껄떡이'라 부른다. 숭어는 그보다 이름이 더 많다. '곡사리', '밀치', '몬치', '넘금이', '글거지', '애정이', '무근사슬', '미렁이', '덜미', '나무래미', '걸치기', '객얼숭어', '댕기리', '덜미', '뚝다리', '모그래기', '모대미', '모쟁이', '숭애' 등 지역과 크기에 따라 이름만 무려 100여 가지다.

숭어는 이름 때문에 논란이 많은 물고기이기도 하다. 가장 흔한 논쟁거리는 어떤 것이 가숭어고 참숭어냐 하는 것이다. 어느 지역에서는 '참숭어'라 부르는 것을 또 다른 지역에서는 '가숭어'라 부른다. 결론부터 말하면 더 맛있어서 참숭어가 아니듯, 덜 맛있어서 가숭어도 아니다. 어느 쪽이든 제철이면 맛이 뛰어나고 철이 지나면 맛이 덜하다. 논란은 '가' 혹은 '개'라는 명칭이 주는 부정적 이미지를 벗겨내고자 가숭어 혹은 개숭어에게 '참숭어'란 이름을 달아주면서 혼란이 생겨 발생했다. 가숭어가 참숭어라 불리면서 진짜 숭어가 어느 날 갑자기 가숭어로 뒤바뀌기도 했다.

바닷장어 중 일본 이름으로 부르는 '하모'도 그렇다. 섬이나 해안 지역에서는 보통 붕장어(아나고)를 그냥 '장어'라 부르고 하모를 '개장어'라 불숭어는 얇게 썰수록 맛있다.
단단한 살맛이 복어회에
필적할 만하다.

보리숭어회

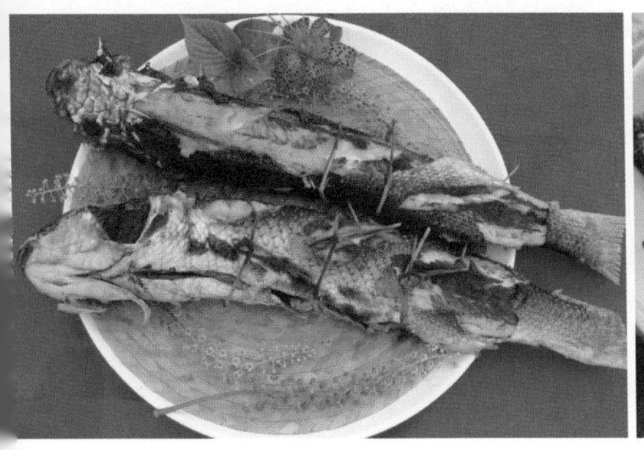

반월도 숭어구이

암태도 마른 숭어찜

렸다. 그런데 '개'라는 부정적 이미지를 세탁하기 위해 어느 순간부터 하모를 개장어가 아니라 '참장어'라 부르고 있다. '참' 자가 붙어서일까? 여름철 하모는 값이 천정부지로 뛰었다.

숭어의 공식적인 분류법은 어떨까? '국립수산과학원'의 숭어와 가숭어의 분류법은 이렇다. "숭어는 머리가 납작하고 까만 눈동자 주변 눈자위가 희고, 가숭어는 눈을 덮은 작은 기름 눈까풀이 노랗다."

하지만 신안에서는 눈자위가 노란 것을 '참숭어'로 흰 것을 '가숭어'로 부른다. 국립수산과학원의 분류와 정반대다. 통영에서는 눈자위가 노란 것을 '밀치'라 하고 눈자위가 흰 것은 그냥 '숭어'라 한다. 국립수산과학원의 분류와 같다.

반월도에서 눈이 노란 참숭어는 제사상에 올라가지만 가숭어는 제사상에 못 올라간다. 지역마다 이토록 제각각이니 어찌 보통 사람들이 숭어와 가숭어를 구분할 수 있을까? 정리를 해줘도 이해하기 쉽지 않을 것이다. 이름이야 어떻든 제철, 맛있을 때 먹으면 그만이다. 간단하게 이야기하면 이렇다. 눈자위가 노란 숭어는 겨울철에 맛있고 눈자위가 흰 숭어는 오뉴월 보리가 익을 무렵에 맛있다. 그래서 보리숭어라고도 한다. 4~5월, 보리숭어 철 해남 임하도에 가면 바로 잡아 온 보리숭어를 어선에서 직접 회 떠서 판다. 어떻게 회가 꿀맛이 되는지 체험할 수 있다.

굴통국

선주집 비장의 해장국

추자도 인근 해역은 일본에까지 소문난 어장이다. 그래서 추자도는 낚시꾼들의 천국으로 오래전부터 유명했지만 워낙 먼바다의 섬이라 접근이 쉽지 않았다. 그런데 제주도와 완도, 해남 우수영 등 여러 곳에 쾌속 여객선이 다니기 시작하면서 뱃길이 가까워졌다. 해남 우수영에서는 쾌속선을 타면 한 시간 반이면 도착한다.

추자도는 영광의 칠산바다와 연평도 바다에서 사라진 참조기의 최대 산란장이기도 하다. 추자도는 이제 조기의 섬이 됐다. 영광굴비도 추자도 조기를 가져다 말린다. 해풍에 건조한 추자굴비가 영광굴비만큼이나 명성을 얻고 있다. 추자도는 상추자도, 하추자도 두 개의 섬을 함께 부르는 이름이다. 추자도가 포함된 추자군도楸子群島는 제주 본섬의 북쪽에 있

굴통의 고유한 맛이 살아 있어

별다른 양념이 없어도

시원하기 이를 데 없다.

추자도 선주집 굴통국

배말꼬치

배말밥

는데 4개의 유인도와 38개의 무인도로 이루어져 있다.

바닷속으로 육지와 이어진 망망대해의 추자도 풍광은 제주도와는 또 다른 다도해의 수려한 아름다움이 있다. 조기잡이 어선을 하는 추자도 선주집에서 조기가 아닌 특별한 음식을 맛봤다. 굴통국이다. 그토록 많은 섬 밥상을 받아봤지만 난생처음 맛본 진짜 섬 토속 요리다. 요리는 더없이 단순하다. 껍질을 벗겨낸 굴통에 마늘과 대파 송송 썰어 넣고 물을 부어 맑게 끓인 국이다. 굴통의 고유한 맛이 그대로 살아 있어 별다른 양념이 없어도 시원하기 이를 데 없다. 추자도에서는 술 마신 다음 날 해장국으로 애용한다.

굴통은 따개비의 다른 이름이다. 울릉도 등지에서 따개비밥, 따개비 칼국수 등으로 유명한 따개비는 실상 따개비가 아니다. 삿갓조개(배말)다. 삿갓조개는 연체동물이지만 따개비는 갑각류다. 갑각류인 이 굴통이 진짜 따개비다. 따개비는 바닷가 암초나 말뚝, 배 밑바닥에 붙어서 고착생활을 한다. 따개비는 고생대 실루리아기에 등장하여 현재까지 살아남았으니 무려 4억 년 넘게 종을 이어온 생물이다. 현재도 200종이 전 세계 바다에서 살아간다. 가재나 게처럼 딱딱한 껍질에 연한 살을 감추고 살아간다. 찰스 다윈도 무려 8년 동안이나 따개비의 분류를 연구한 뒤 연구서를 발간해 과학자로서 명성을 얻었다고 한다.

그러나 선박에게는 따개비가 골칫덩어리다. 번식력이 좋아 순식간에 배 바닥을 점령한다. 따개비 때문에 암초에 걸리는 등 항해에 큰 지장이

대마도 배말된장국

소리도 배말무침

있을 정도다. 고래나 상어, 거북이 같은 바다 생물의 등에도 붙어사는 통에 이들이 엄청난 고통을 받기도 한다. 대부분의 따개비는 무無맛이라 먹지 않는다. 하지만 검은큰따개비는 식용하는데 굴통이라 부르는 종이 바로 이것이다. 검은큰따개비국, 굴통국. 참으로 진귀한 섬의 요리다.

물굴젓

굴 요리의 최고봉

굴이 나오는 철에만 맛볼 수 있는 최고의 굴 요리. 보성, 고흥의 토속 굴 요리 피굴과 함께 최고의 굴 음식을 꼽으라고 하면 주저 없이 통영의 물굴젓을 꼽는다. 굴젓도 아닌 것이 굴물회도 아닌 것이, 굴젓 같기도 한 것이 굴물회 같기도 한 것이 딱 경계의 맛이다. "모든 경계에는 꽃이 핀다"고 했다. 바로 그 경계에서 꽃피는 맛이라 해두자. 통영에서는 그냥 굴젓이라 부르지만 우리가 익히 알던 그런 굴젓이 아니다. 굴이 나오는 철이면 연대도나 한산도, 욕지도 같은 섬이나 통영 시내의 다찌집에서 흔히 맛볼 수 있다.

아주 약간 삭아 살짝 쏘면서도 시원한 물굴젓 국물은 술독을 푸는 데도 최고의 명약이다. 주재료는 굴과 무다. 굴은 겨울 굴이라야 제맛인데,

아주 약간 삭아 살짝 쏘면서도
시원한 물굴젓 국물은 술독을 푸는 데도
최고의 명약이다.

통영 물굴젓

통영 벚굴회

무는 믹서 같은 데에 갈거나 채 썰어 넣으면 제맛이 안 난다. 꼭 숟가락으로 긁어서 굴을 넣고 삭혀 만들어야 한다. 통영에서는 집집마다 직접 요리해 먹기도 하지만 재래시장 반찬가게에 가면 만들어 판다. 시장에서 파는 것도 무를 채 썰어 담근 것보다 숟가락으로 긁어서 담근 것이 본 맛에 가깝다.

하지만 어떤 음식이든 직접 만들어 먹는 것이 최고다. 굴과 무와 소금만 있으면 집에서도 직접 해 먹을 수 있다. 조금 고급스럽게 먹으려면 배를 넣어도 좋다. 레시피도 간단하다. 양념이 중요한데 핵심은 정성이다. 믹서에 갈거나 채 썰지 않고 숟가락으로 무를 긁어서 넣는 정성.

굴을 소금물에 씻어서 이물질을 제거하고 물기를 뺀다. 이때 요리용 무껍질이나 무를 썰어 넣으면 이물질을 더 깨끗하게 제거할 수 있다. 물기가 빠진 굴을 너무 짜지 않을 정도로 소금에 절여 3~4일간 숙성시킨다. 무를 숟가락으로 긁어 고춧가루로 버무려준다. 배 또한 숟가락으로 긁어서 넣어야 한다. 며칠 동안 소금에 저려둔 굴과 고춧가루를 뿌려둔 무를 섞어준다. 여기에 생수나 쌀뜨물을 부어주고 쪽파와 참깨 등 양념을 더한 뒤 소금으로 간을 한 다음 하루쯤 지나 먹는다. 3~4일쯤 숙성되면 더 깊은 맛을 느낄 수 있다.

피굴

경계에 피는 맛

카사노바(1725~1798)는 굴을 즐겼다고 한다. 매일 아침 눈을 뜨면 욕조에 몸을 담그고 생굴 50개를 먹은 다음, 욕조 안에서 연인과 격렬한 사랑을 나누었다고 전한다. 그렇듯 굴은 강장 효과가 뛰어나다고 알려져 있다. 철분 함량이 많아 빈혈에도 좋다. 각종 심장 질환과 간장에도 좋다고 한다. 칼슘 함량은 소고기의 8배, 비타민은 17배나 많다.

굴은 정자 생산과 관계 있는 아연 함량이 어패류 중 최고다. 아연은 남성 호르몬 테스토스테론의 분비를 촉진시킨다. 굴이 효과적인 강장식품으로 인정받는 것은 그 때문이다. 그래서 카사노바뿐만 아니라 나폴레옹도 전장에서 끊임없이 굴을 먹었다고 한다. 예전에는 굴껍질도 쓸모가 많았다. 석회를 만들어 건축용으로 사용하기도 했고 갈아서 바둑알을 만들

피굴은 차게 해서 먹는데,
굴로 담근 동치미처럼 세상의 독에 찌들고
꼬인 속을 풀어준다.

보성 장도 피굴

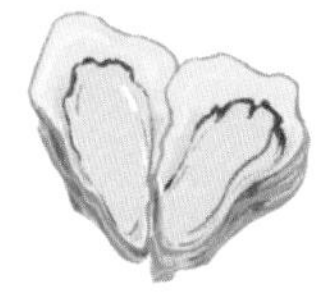

기도 했다.

굴 요리도 다양하다. 생굴회부터 굴찜, 굴전, 굴젓, 굴국, 굴밥까지. 거기에 이름도 생소한 '피굴'이란 요리도 있다. 보성 고흥 지역 사람이 아니면 피굴 요리를 아는 이는 거의 없을 것이다. 겨울 굴철이 돌아오면 생각나는 굴 요리다. 보통 익힌 굴은 퍽퍽해지는 식감을 피할 수 없는데 익힌 굴 요리지만 한없이 부드러운 것이 바로 피굴이다. 계란으로 치면 반숙 같다고 할까. 날것과 익힌 것의 경계, 경계의 맛이란 얼마나 오묘한가.

피굴은 알굴이 아닌 각굴(통굴)로 만든다. 굴을 껍질째 솥에 넣고 굴이 잠길 만큼 물을 부은 뒤 뜨끈할 정도로 삶는다. 반숙처럼 익히는 것이 포인트다. 꼬막을 익히는 방식과 비슷하다. 껍질이 벌어지도록 익히면 즙이 새어 나가니 조심해야 한다. 굴이 벌어지기 직전의 경계에서 굴을 꺼내 깐 뒤 굴껍질 안에 들어 있는 국물을 모은다.

국물은 찍이 가라앉게 두었다가 맑은 부분만 쓴다. 그 국물에 익힌 알굴를 넣고 쪽파를 다져 넣은 뒤 통깨를 뿌리면 완성이다. 피굴은 굴 속에 진액을 보존하고 있어 찰지고 쫄깃하다. 국물이 짜다 싶으면 약간의 물을 첨가해 간을 맞춘다. 피굴은 차게 해서 먹는데 피굴의 국물 또한 굴로 담근 동치미처럼 세상의 독에 찌들고 꼬인 속을 풀어주는 데 명약이다.

굴을 먹을 때는 소금물에 씻어야 한다. 민물에 씻으면 맛과 영양분이 빠져나간다. 소금물에 오래 보관하는 것도 좋지 않다. 수용성인 타우린이 녹기 때문이다. 굴 또한 알고 먹어야 맛을 제대로 즐길 수 있다.

군소무침

간을 빼앗긴 토끼의 환생

섬 밥상에 자주 오르지만 바닷가나 섬 사람이 아니면 정체를 알 수 없는 요리. 육지 사람들에게는 군봇이나 배말처럼 낯선 음식 중 하나가 군소다. 군소는 육지에서는 흔하게 쓰이지 않지만 섬이나 바닷가 사람에게는 향수가 깃든 음식이다. 군소는 내장을 제거하고 색소를 빼낸 뒤 조리한다. 색소에는 독이 있기 때문이다. 삶아서 무쳐 먹거나 초장에 찍어 먹기도 한다. 고소하게 씹히는 맛이 소라와 비슷하다. 물속을 기어가는 군소는 언뜻 보면 크나큰 민달팽이 같다. 내가 살던 전라도 섬에서는 '굴맹이'라 부른다. 제주에서는 '물도새기'라 한다. '물에 사는 돼지'라는 뜻이다. 『자산어보』에서는 '굴명충屈明蟲'으로 등장한다.

"형상은 알을 품은 닭과 같으나 꼬리가 없다. 머리와 목이 약간 높으

군소는 육지에서는 흔하지 않지만,

섬이나 바닷가 사람에게는

향수가 깃든 음식이다.

▲ 군소무침

군소찜 ▶

며 고양이 귀와 같은 귀가 있다. 배 아래는 해삼의 발과 같으며 역시 헤엄을 칠 수 없다. 색은 짙은 흑색이며 적색 무늬가 있다. 온몸에 피가 있으며 맛은 싱겁다. 영남 사람들이 먹는데, 여러 번 아주 깨끗이 씻어 피를 제거하지 않으면 먹을 수 없다." 군소는 복족류지만 딱딱한 껍질이 없다. 자웅동체인 군소는 산란 철 한 달에 1억 개 이상의 알을 낳는다. 엄청난 번식력 때문에 바다의 해초를 고갈시키는 주범으로 지목받기도 한다. 적의 위협을 느끼면 군청색 색소를 내뿜는다. 색소는 과거 염증, 상처 치료에 약으로 쓰이기도 했다.

군소의 영문명은 '시 헤어Sea hare'인데 '바다의 토끼'란 뜻이다. 군소의 더듬이가 토끼 귀를 연상시키기에 바다의 토끼란 이름을 얻은 것이다. 더듬이로 촉각과 후각을 느낄 수 있다고 한다. 토끼처럼 생긴 탓에 전해지는 이야기가 있다. 〈별주부전〉의 토끼는 거북이에게 속아 용궁에 납치됐다가 다시 탈출한다. 하지만 일설에는 토끼가 결국 다시 용궁으로 붙들려와 용왕에게 간을 빼앗겼다는 이야기도 전한다. 간을 내준 대신 군소의 몸을 얻어 용궁에 살게 됐다는 것이다. 군소는 그렇게 〈별주부전〉 외전의 한 자락이 됐다.

아구찜

선창가 구멍가게 낮술

『자산어보』에 "고기 살은 매우 연하다. 뼈도 무르다. 곧잘 술병을 고친다"고 기록된 물메기. 옛사람들까지 술병에 명약으로 쳤던 물메기. 나도 맑게 끓인 물메기국 한 그릇으로 술병이 나은 적이 한두 번이 아니다. 조선 후기 실학자 이규경(1788~1863)도 저서 『오주연문장전산고』에서 "우리나라 호남 부안현扶安縣 해중에 수점水鮎(물메기)이 있는데, 살이 타락죽(찹쌀우유죽) 같아 양로養老에 가장 좋다"고 했던 물메기. 물메기는 통영 사람들의 소울푸드다. 마른 물메기찜은 여전히 통영의 대표 잔치 음식이다. 전라도 잔칫상에 홍어가 빠지면 안 되듯 통영의 잔칫집에서는 마른 메기가 빠지면 안 된다. 통영의 섬 추도는 오랫동안 물메기의 고장으로 명성이 자자했다. 물메기 철이면 섬은 물메기 말리는 덕장으로 가득했다.

추도는 옛날부터 물이 좋기로 유명한 섬이었다. 지금도 추도의 큰산, 작은산에는 큰 나무들이 울창하다. 가래나무가 많아서 '가래 추楸' 자 '추도'란 이름을 붙였다고 한다. 추도의 큰산 정상 부근은 고원 지형이다. 옛날에는 고구마밭이나 보리밭으로 활용했지만 지금은 묵정밭이 되었다. 이 고원 지형으로 빗물이 스며들어 산 중턱에서도 마을 해안가에서도 용천수가 샘솟는다. 산에서 걸러진 물이니 추도의 물은 염기가 없고 달다. 추도 물로 위장병을 고친 사람도 많았다고 한다. 윗새미, 동·서 아래새미 세 곳의 우물에서는 여전히 물이 펑펑 솟아난다.

가뭄이 극심해도 급수선이 들어온 적이 없다. 물 하나만은 최고의 부자 섬이었다. 섬에 물이 풍족한 것은 축복이다. 물이 많으니 섬이지만 논농사도 지을 수 있었다. 그래서 추도 사람들은 "보릿고개 시절 쌀밥 먹은 섬사람 추도밖에 없다"고 한다. 그처럼 달디단 추도의 용천수로 물메기를 깨끗이 씻어 말렸으니 추도 마른 메기는 통영에서도 가장 비싼 값을 받을 수 있었다. 그런데 어느 순간부터 추도에서도 물메기가 귀해졌다. 추도 바다가 물메기의 산란장이라 해마다 찾아왔는데, 이제는 산란 철에도 물메기들이 추도 바다로 돌아오지 않는다. 누구는 수온 변화 때문이라 하고 누구는 남획 때문이라고도 하는데 정확한 이유는 알 길이 없다.

추도에는 미조, 대항(한목), 샛개, 어둥구리 등 네 개의 마을이 있다. 사람들은 대부분 미조와 대항, 두 마을에 모여 산다. 추도에 오면 늘 미조 마을의 500살 자신 후박나무 어르신과 신목인 400살 잣밤나무 어르신께

인사를 올린다. 나무 어르신들은 추도의 우주목이다. 추도의 온갖 풍상과 사람살이의 역사를 생생히 기억하고 계실 터다.

추도에는 섬을 한 바퀴 도는 일주도로가 나 있다. 자동차가 많지 않으니 길은 더없이 걷기 좋다. 미조 마을에서 출발해 대항 마을, 샛개 마을을 지나 다시 미조 마을까지 섬을 한 바퀴 걸었다. 큰산을 넘어 대항 마을을 지나 작은산 등대까지 이어지는 숲길도 참으로 걷기 좋지만 오늘은 도로를 따라 걸었다.

미조 마을 선창가. 이런 날은 마른 메기찜에 막걸리 한잔이 딱이지만 추도에서도 이제는 물메기 구경하기가 어려우니 물메기국도 마른 메기찜도 맛볼 수 없다. 하는 수 없이 선창가 구멍가게 안주인이 요리해준 아구찜에 낮술을 마신다. 조금 전 어부가 바다에서 갓 잡아 온 싱싱한 아구에 콩나물을 듬뿍 넣고 요리한 아구찜. 꿩 대신 닭, 아니 물메기 대신 아구지만 섭섭함이 없다. 물메기찜 못지않은 맛이기 때문이다.

낮술이란 모름지기 이런 선창가 허름한 구멍가게가 제격 아닌가. 울산 방어진에서 태어나고 자라 머나먼 남쪽 섬 추도로 시집온 안주인. 어려서부터 늘 생선을 즐겨 먹었고 어머니에게 요리도 배웠으니 솜씨가 예사롭지 않다. 생물 아구니 부드럽기 한량없다. 살이 살살 녹는다. 이러니 어찌 낮술이 달지 않을까. 술도 달고 안주도 달달하니 쓰디쓴 세월이지만 모처럼 인생도 달다.

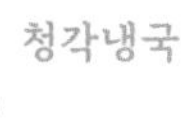

청각냉국

더위 먹은 몸의 화기를 빼는 요리

고흥의 연홍도 경로당 밥상에도 통영 다찌집 술상에도 청각냉국이 올랐다. 여름이 시작됐다는 증거다. 청각은 대표적인 여름 해초다. 사슴뿔 모양으로 생겼다 해서 '청각靑角'이다. 일본에서는 '미루[ミル]'라 하는데 '바닷속에 사는 소나무'라는 뜻이다. 청각은 세계의 바다 곳곳에서 자라지만 주로 한국, 중국, 일본, 필리핀, 하와이 등지에서 식용으로 애용된다.

한국에서는 김치 사이에 넣어 김치의 맛을 배가시키는 재료로 쓰인다. 『자산어보』에도 청각은 "감촉이 매끄러우며 빛깔은 검푸르고 맛은 담담하여 김치 맛을 돋운다"고 기록돼 있으니 김치와 청각의 조화는 오랜 역사를 지니고 있다. 김치를 담글 때 생生청각을 다져 넣으면 젓갈 비린내와 마늘 냄새를 중화시켜준다.

여름날 무더위에 일하고 들어와
청각오이냉국 한 그릇 먹으면
더위가 쑥 내려간다.

청각냉국

과거에는 청각이 민간의 치료제로도 사용됐다. 구충 성분이 있어 회충약으로 쓰였고 비뇨기 질환 및 수종 치료에도 쓰였다. 강한 항생 작용을 한다고 알려진 유익한 해초다. 섬이나 해안 지방에서는 김치의 재료뿐만 아니라 여름 더위를 식혀주는 계절 음식 재료로 사용된다. 여름 반찬으로 즐겨 먹는 해초 중 하나다. 청각냉국이나 청각무침 등으로 조리된다.

청각냉국은 오이와 합을 이루는데 오이에 화기를 빼고 열을 내리는 효능이 있어서다. 청각과 오이 둘 다 더위를 이기는 데 아주 좋은 식재료다. 여름날 무더위에 바다나 밭에서 일하고 들어와 청각오이냉국 한 그릇 만들어 먹으면 얹혔던 더위가 쑥 내려간다. 여름 더위에 이만한 청량제가 없다.

청각냉국은 집에서도 쉽게 만들어 먹을 수 있다. 시장에서 사 온 청각의 뿌리는 끊어버리고 몸통만 데친다. 청각을 데칠 때는 물을 붓지 않는다. 청각에서 수분이 나오기 때문이다. 냄비에 청각만 넣고 뚜껑을 덮은 뒤 김이 나면 색이 파래지는데 그때 바로 꺼낸다. 데친 청각은 찬물에 씻어 오이, 양파, 고추장, 마늘, 깨소금, 설탕 등 양념을 한 뒤 식초를 넣는다. 청각냉국은 물을 따로 부을 필요 없이 자체에서 나오는 물만으로 먹기도 하지만 얼음을 넣어 먹기도 한다. 잃어버린 여름 입맛을 되찾는 데 즉효다.

참굴비

보리굴비에는 보리가 없다

본래 굴비는 참조기로 만든 것만을 칭했다. 하지만 요즈음 굴비는 조기로만 만들지 않는다. 부서굴비도 있고 민어굴비도 있고 농어굴비도 있다. 줄에 엮어서 말리면 대충 다 굴비라고 인정해준다. 그냥 말리면 건정이다. 근자에 식당에서 파는 보리굴비는 대부분 부서(보구치)로 만든 부서굴비다. 부서라고 맛이 크게 떨어지지는 않는다.

실상 우리는 보리굴비가 아니라 그 상표를 소비하고 있는 셈이다. 또 흔히 먹는 참조기로 만든 부드러운 굴비도 결코 굴비가 아니다. 소금에 절인 참조기를 서너 시간 정도 말린 반건조 조기다. 진짜 굴비는 딱딱하다. 명태를 반건조한 코다리를 황태라 할 수 없는 것과 같은 이치다. 코다리와 황태의 맛이 다르듯이 반건조 조기와 굴비의 맛 또한 차원이 다르다. 황태

관매도 굴비는 장대에 매달아

바람에 말린다.

관매도 참굴비찜

처럼 굴비도 사람이 혼자 만들 수 있는 것이 아니다. 바닷바람과 햇빛, 사람의 합작품이다. 굴비는 영광굴비가 대명사지만, 과거에는 조기가 나는 곳이면 어디서나 굴비를 만들었다. 연평도나 소무의도, 송이도, 관매도 같은 섬에서도 굴비를 만들었다. 진도의 섬 관매도에서 진짜 참조기로 만든 참굴비를 맛본다. 관매도 굴비는 그냥 장대에 매달아 바람에 말린다.

하지만 굴비 원산지인 영광 법성포의 굴비는 공정이 무척 까다로웠다. 칠산 바다에서 잡아 온 참조기에 소금이 내장까지 배어들게 간질(기소금)을 해서 사흘 정도 간독에 절인 뒤 덕장에서 말렸다. 소나무를 엮어서 만든 덕장 가운데에는 구덩이를 팠다. 낮에는 바닷바람과 햇빛에 말리고 밤에는 구덩이에 숯불을 피워 말렸다. 그렇게 덕장에서 해풍과 태양, 숯불의 열기에 마르고 밤이슬의 단맛까지 첨가돼 3개월 정도 바짝 마른 조기는 마침내 새로운 맛을 지닌 굴비로 재탄생했다. 그것이 진짜 굴비였다. 이 굴비를 통보리 독에 보관한 것을 보리굴비라 했다. 보릿독에 굴비를 넣어두는 것은 보리 항아리 안이 늘 서늘하고 보릿겨가 굴비에서 배어 나오는 기름을 잡아줘 굴비 원래의 맛을 유지시켰기 때문이다. 지금은 냉장고가 있으니 굳이 보리 독에 묻어둘 이유가 없다.

따개비 요리에는 따개비가 없다

동·서·남해를 막론하고 섬에 가면 많이 접하게 되는 음식 중 하나가 따개비 요리다. 완도 생일도에도, 여수 사도에도, 소리도에도, 신안 우이도에도, 통영 매물도에도 따개비 요리가 빠지지 않고 상에 오른다. 동해 울릉도의 음식 중에도 따개비밥, 따개비칼국수 등 따개비를 활용한 요리가 많다. 울릉도의 환경이 척박하다 보니 바다에서 나는 무엇 하나 버릴 것 없이 식량으로 활용해온 소중한 음식 문화다. 하지만 울릉도에서 따개비라 부르는 것은 진짜 따개비가 아니다, 삿갓조개다.

삿갓조개Bernique의 몸은 '뫼 산山' 자 모양이며 딱딱한 석회질 껍데기로 덮여 있다. '배말'이라고도 하며 바닷가 바위에서 고둥과 함께 사는 삿갓 모양의 조개다. 삿갓조개는 연체동물문 복족강 삿갓조개류Patello-

동·서·남해를 막론하고

섬에 가면 많이 접하게 되는 음식 중 하나가

따개비 요리다.

▲ 올리브유배말(삿갓조개)구이

배말탕국 ▶

배말로 끓인 울릉도 '따개비' 칼국수

안도 배말무침

gastropoda에 속하는 조개다. 고착 생물인 따개비와는 달리 움직이며 산다. 몸 크기가 높이 1센티미터, 너비 2.5~3센티미터 정도로 아주 작다.

삿갓조개에 함유된 타우린은 몸속의 콜레스테롤 수치를 낮춰 고지혈증 예방에 좋고 칼로리가 적은 다이어트 식품이다. 작은 전복같이 생겼는데 맛도 애기 전복과 비슷하다. 물론 그 살은 전복보다 더 단단하며 쫄깃하다. 섬에서는 무침으로 많이 먹지만 구이도 일품이다. 전복구이 저리 가라다.

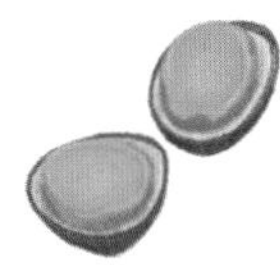

너물밥

해물 육수로 만든 400년 전통의 통영 비빔밥

통영을 찾는 여행객 대부분은 꿀빵이나 충무김밥, 시락국, 다찌집 상차림 같은 음식을 맛보고 간다. 계절에 따라 도다리쑥국이나 물메기탕, 대구탕 등도 각광받는다. 하지만 통영의 진짜 토속적인 맛은 숨어 있다. 너물밥, 마른 물메기찜, 개조개 유곽, 해물잡채, 물굴젓, 볼락김치 같은 요리다.

통영을 좀 안다는 여행자 중에서도 통영 비빔밥을 맛본 이는 드물 것이다. 멍게·성게 비빔밥 같은 거 말고 진짜 통영 전통 비빔밥, 그것이 바로 너물밥이다. 유명하다는 어느 도시에서 맛본 비빔밥보다 맛깔스럽다. 17세기 초 통영에 삼도수군통제영이 들어서던 때부터 만들어 먹던 비빔밥이니 물경 400년 전통의 비빔밥이다.

생선찜을 시키면

1인당 나물 한 그릇씩 딸려 나오는데

여기에 밥만 넣고 비비면 통영 전통 비빔밥인 너물밥이다.

▲ 통영 이중섭식당 너물밥

◀ 통영 추도 너물

나는 나물을 유난히도 좋아한다. 산채나 해초 가리지 않고 나물이란 나물은 다 좋아한다. 그래서 어머니 손맛이 담긴 나물 음식이 그리울 때는 너물밥을 찾는다. 조개 국물을 기본으로 해서 잘 무친 해초와 산채가 적당히 조화를 이루는 너물밥.

그런데 이런 너물밥 같은 전통 음식을 하는 식당이 하나둘씩 사라지고 있다. 구석진 곳에 숨어 있다가 버티지 못하고 소리 소문 없이 문을 닫고 만다. 방송이나 마케팅 등으로 이름난 식당만 찾는 쏠림 현상 때문이다. 이런 작고 오래된 향토 식당이 사라지는 것은 결코 식당 하나가 사라지는 것이 아니다. 음식 문화가 사라지는 것이다. 도시의 정체성이 사라지는 것이다. 그래서 안타깝다.

통영시에서도 대책을 세워야 한다. '도시 재생'은 새로운 것을 만드는 일이 아니다. 소멸해가는 도시의 정체성을 되살리는 것이다. 음식 문화를 지키기 위해서라도 이런 음식, 이런 식당은 지속 가능해야 마땅하다. 전통은 밥벌이를 통해서 이어진다.

여기 소개하는 집은 강구안 골목의 '이중섭식당'. 찜(조림) 전문 식당이다. 갈치찜, 마른 메기찜, 가자미찜 등을 내는데 개미진 찜도 찜이지만 곁들여 나오는 나물이 일품이다. 생선찜을 시키면 1인당 나물 한 그릇이 딸려 나오는데 여기에 밥만 넣고 비비면 그게 바로 통영 전통 비빔밥인 너물밥이다. 산과 들, 바다가 다 담겨 있다. 너물밥과 생선찜을 함께 맛볼 수 있으니 일석이조다.

과메기

바람과 햇빛으로 조리한 마법의 요리

기록에 남은 과메기의 시작은 조선의 바다를 '물 반 고기 반'으로 만들 정도로 풍성했던 청어다. 청어는 조선 선비들에게 단백질을 공급하는 중요한 생선이었기에 '비유어肥儒魚'라고도 했다. 포항에서는 과거에 청어가 얼마나 많이 잡혔는지 지명으로 남아 있을 정도다. 호미곶의 '까꾸리께'라는 곳이다. 청어 떼가 해안으로 밀려오면 까꾸리(갈퀴)로 긁어모았다 해서 붙여진 지명이다. 그야말로 물 반 고기 반이던 전설 같은 시절의 이야기다. 유럽에서도 청어는 대구와 함께 가장 중요한 생선이었다. 식량인 동시에 축재 수단이기도 했다. 유럽의 청어는 소금에 절여서 유통됐다. 지금도 네덜란드를 비롯한 북유럽에서는 '하링'이라는 전통 방식의 청어초절임을 팔고 있다. 교회가 육식을 금지하는 기간에 청어는 주요한 단백질 공급원이었다.

과메기는 보통 11월부터 다음 해 2월까지 말린다. 구룡포 삼정리 해변에는 아직도 재래식으로 해풍에 건조하는 과메기가 생산된다. 대부분 공장식 시스템을 통해서 실내 온풍 건조로 만들어지고 있으니 해변 덕장의 건조 과메기는 귀하다. 삼정리 어업의 역사는 선사시대까지 거슬러 올라간다. 청동기시대에도 그물로 물고기를 잡았던 증거물이 출토됐다. 2002년 구룡포에서 호미곶까지 해안도로를 내면서 삼정리, 석병리의 고분군에 대한 발굴 조사를 했는데 어업 관련 유물이 151점이나 발굴됐다. 삼정리 청동기시대 유적에서 나온 토제 어망추(그물 끝에 달아서 그물이 가라앉게 만드는 기구)도 그중 하나다.

청동기시대부터 삼정리에 살았던 사람들은 그물을 이용해 물고기를 잡았고 지금도 삼정리 어민들은 같은 바다에 그물을 던져 물고기를 잡으며 살아간다. 장구한 어업의 역사를 가진 해변이다. 청동기시대에도 사람들은 물고기를 말려 먹었을 것이니 청어나 꽁치를 과메기로 만들어 먹었을 가능성이 크다. 대량으로 물고기를 어획한 토제 어망추가 그 증거다. 울산의 반구대 암각화에 청동기시대 사람이 고래잡이했던 그림이 남아 있고 포항 삼정리에도 청동기시대 암각화가 남아 있다. 고래를 사냥해서 고래고기를 먹었던 청동기인들이니 과메기인들 못 만들어 먹었을 까닭이 없다. 그렇다면 과메기의 역사는 3000년에 이른다고 추정할 수도 있다.

『삼국지』「위서」 동이전에는 "옥저 사람이 고구려에 조부租賦로서 맥포貊布와 함께 어염魚鹽 및 해중 식물을 바쳤다"는 기록이 있고, 2020년 10월 국립중앙박물관 재발굴 결과 경주 서봉총에서 쏟아져 나온 유물 중에 백제 조문객이 가져온 민어의 흔적이 나온 것을 보면 2000년 전에도 건어물 문화가 퍼져 있었음을 알 수 있다. 선사시대부터 생선을 말려 먹는 문화가 있었음을 짐작할 수 있는 것이다. 그러니 어찌 과메기만 없었을 것인가!

일반적으로 과메기는 청어나 꽁치를 수분 함유량 40퍼센트 정도가 되도록 말린 것이다. 『자산어보』에서는 청어 과메기를 소개한다. '관목청貫目鯖' 항목에 나오는 이야기다. "모양은 청어와 같고, 두 눈이 뚫려 막히지 않았다. 맛은 청어보다 좋다. 이것으로 얼간포를 만들면 맛이 매우 좋다. 때문에 청어 얼간포를 관목청어라 부른다. 영남 바다에서 잡히는 놈이 가장 드물고 귀하다." 과메기는 청어로 만든 '관목어', '관목청'이라 불리다 과메기가 된 것이다. 청어에 소금을 약간 뿌려 살짝 저리는 '얼간'을 해서 건조한 생선이 과메기였다.

『전어지』 '青魚(비웃)' 항목에도 과메기가 등장한다. "우리나라 청어포 역시 자적색이 나는 것을 귀하게 여긴다. 다만 그 고기를 엮는 법은 등을 가르지 않고 새끼로 엮어서 햇볕에 말린다. 이렇게 하면 먼 곳에 부치거나 오래 두어도 상하지 않는다. 민간에서 '관목貫目'이라고 하는 것은 두 눈이 새끼줄로 꿸 수 있을 만큼 투명한 것을 말한다. 잡는 즉시 선상에서 말린 것이 품질이 우수하다고 한다."

술안주인 동시에 해장 음식이기도 하니
과메기는 얼마나 미덕이 큰 음식인가!

과메기 덕장

『영남읍지』(1871)에는 영일, 청하, 영덕 지방의 토산품으로 관목(과메기)이 거론되고 있다. 『오주연문장전산고』에는 단순한 과메기가 아니라 훈제 청어 이야기가 등장한다. "청어를 연기에 그을려 부패를 방지하는데 이를 연관목이라 부른다." 본래 생산지에서 훈제 과메기를 만들기도 했지만 한양으로 운반한 후에 훈제한 뒤 판매하기도 했다는 것이다. 훈제하면 부패하지 않고 오래 보관할 수 있었기 때문이다. 특히 이 훈제 과메기는 "비싼 값을 받는다"고 했다.

포항 지역에서도 직접 훈제 과메기를 만들어 먹는 풍습이 있었다. 냉훈법으로 말려 먹는 과메기가 그것이다. 겨우내 청어를 얼렸다 녹였다 반복하며 건조시켰는데 연기가 빠져나가는 구멍인 부엌의 살창이 건조장 역할을 했다. 당시에는 땔감으로 솔가지를 많이 사용했는데 솔가지가 타면서 연기가 빠져나갈 때 솔향이 과메기에 스며들었다. 살창으로 들어오는 찬바람과 부엌에서 나가는 온기에 얼었다 녹았다를 반복하면서 과메기가 만들어졌고 여기에 연기로 훈연하며 솔향까지 첨가한 것이다. 솔향 훈제 과메기는 단순한 건조 과메기와는 또 다른 고급 과메기였다. 되살려낸다면 아주 고급 요리가 되지 않을까.

과메기는 살창뿐만 아니라 집집마다 뒤안 담벼락에도 널어 말렸다. 어촌에서 흔히 생선을 건조해 먹는 방식이다. 이후 좀 더 체계화된 것이 청어를 새끼줄에 엮어 말리는 방식이다. 조기를 자갈밭에 널어 말리는 방식이 새끼줄에 엮어 덕장에서 말리는 방식으로 변천해온 것과 다르지 않다. 꽁치나 청어를 새끼줄에 엮어 통으로 말리는 통과메기 또한 전통적인 건조 방식이다. 내장을 제거하지 않고 한 접(20마리)씩 새끼줄로 엮어 보름쯤 말린다. 건조 과정에서 내장 성분이 살에 스며드니 과메기 향이 진하다. 엮어서 말린다 해서 '엮거리'라고도 한다.

근대에 새롭게 만들어진 것은 베지기 과메기다. 먹기 좋게 뼈와 내장, 머리 등을 제거하고 말려서 만든 것이다. 생선의 등을 칼로 따서 말리는데 '칼로 베어졌다' 해서 베지기다. 지느러미와 머리를 자르고 배를 갈라 내장도 제거한 뒤 등뼈를 중심으로 양분해서 말린다. 먹을 때는 껍질만 제거하면 된다. 베지기는 손질한 생선을 바닷물로 씻은 뒤 민물로 한 번 더 씻어 말린다. 과거에는 바닷물에만 씻었는데 짜다는 불만이 있어서 민물로도 씻어준다. 민물에는 2~3분 담갔다가 건져서 말린다.

베지기 과메기는 속살이 바깥을 향하게 한 뒤 건조대에 걸어서 말린다. 바람이나 햇빛이 좋으면 이틀 정도면 먹을 수 있다. 하루면 물기가 빠지고 이틀이면 딱 먹기 좋게 꾸득꾸득 마른다. 덕장에서 바로 걷어 상품으로 출하한다. 냉동실에 보관하며 먹어도 되고 포처럼 먹고 싶으면 더 꼬들꼬들하게 말려서 먹어도 좋다. 전통적인 통과메기가 훈제 과메기로 바뀐 것은 1923년경 일본인들이 홋카이도의 청어 가공법을 들여오면서 확산된 것으로 추정하고 있다. 일본인들이 청어 살과 별개로 청어알을 선호한다는 점도 배를 따서 말리는 방식이 확산된 계기로 작용했다.

과메기는 손가락으로 눌러서 탄력이 있는 정도면 잘 숙성, 건조된 것이다. 과메기를 먹는 방법은 다양하다. 김과 미역, 배추 등에 싸서 고추장을 찍어 먹는 것이 일반적이지만, 음식 먹는 것에 본디 정해진 방법이 있겠는가. 옛날 구룡포에서는 "김장김치에 둘둘 말아 싸 먹기도" 했다. 아니면 맨 고추장에 찍어 먹었다. 그야말로 자기 취향대로 먹으면 된다. 싱싱하여 비리지 않게 잘 마른 과메기는 아무것도 찍지 않고 그대로 먹는 것이 가장 맛있다. 본연의 맛을 뛰어넘을 수 있는 부재료란 없다. 원재료가 충실할 때 부재료는 의미가 없다. 과메기는 미나리를 넣어 무쳐 먹어도 좋고 불에 구워 먹어도 별미다.

한국 사람들은 생선회도 유독 씹히는 맛을 선호한다. 꽁치나 청어도 살이 무른 생선이다. 하지만 말랑말랑할 정도로 말리는 과메기는 그 맛이 쫀득쫀득하다. 특히 꽁치 과메기의 식감이 좋다. 그 쫀득쫀득한 식감으로 전 국민의 입맛을 사로잡았다. 등푸른생선은 본래 지방이 많다. 그래서 쉽게 상하기도 한다. 하지만 얼간(소금에 조금 절인 간)을 해서 말리면 오래 보존할 수 있다. 지방은 공기와 만나면 바로 부패한다. 그런데 지방이 많은 꽁치가 부패하지 않고 말라서 과메기가 될 수 있는 이유는 꽁치의 몸을 둘러싼 껍질 덕분이다. 껍질이 부패를 방지하고 숙성, 발효할 수 있도록 도와주는 것이다.

요즘 과메기의 주원료인 꽁치는 한류성 어류다. 1960년대부터 흔하던 청어가 자취를 감추자 청어와 비슷한 맛을 내는 꽁치가 과메기 재료로 등장해 전성기를 구가했다. 동해안의 꽁치도 1930년대 이전에는 손으로 잡는 손꽁치잡이만 있었다. 1938년 후반부터 꽁치 유자망 어업이 시작됐고 1980년대까지 동해안의 대표 어종이었다. 청어를 대체해 과메기를 만들 수 있을 만큼 풍족했던 꽁치도 2000년대 들어 어획량이 급감했다. 그래서 현재는 포항의 과메기도 대부분 원양에서 잡아 온 냉동꽁치를 이용해 만든다.

1990년대 중반까지만 해도 과메기는 포항을 비롯한 인근 동해안 지역 음식이었으나 1990년대 중반 이후 언론을 통해 알려지면서 포항의 대표적인 특산물로 자리 잡게 됐다. 과메기의 주재료인 꽁치는 전체 지방의 82퍼센트가 불포화 지방이고 꽁치 100그램당 열량은 262킬로칼로리다. 열량이 낮으니 다이어트 식품으로 제격이다. 불포화 지방이니 혈관 건강에도 좋다. 오래 두어도 기름이 굳지 않는 것을 보면 알 수 있다. 게다가 꽁치는 레몬보다 비타민C가 세 배나 많다고 한다. 꽁치는 과메기로 만들었을 때 생꽁치보다 DHA와 오메가3의 양이 증가한다. 과메기를 안주로 먹으면 술에 쉽게 취하지 않는다는 말도 빈말이 아니다. 과메기에 숙취 해소 물질인 아스파라긴산이 들어 있기 때문이다. 술안주인 동시에 해장 음식이기도 하니 과메기는 얼마나 미덕이 큰 음식인가!

상어

"젯상에 굵은 고기 쓰는 건 자손들 크게 되게 해달라는 뜻이지"

오늘 영일만 바다는 망망하고 흐리다. 바다는 많은 사람에게 여전히 공포의 대상이다. 그런데 어째서 바다를 보면 안도감이 들까? 바다가 무서워 배 타는 것도 겁내면서 정작 바다를 바라보는 것은 좋아한다. 바다를 통해 위안을 얻는다. 어째서 그럴까?

우리는 모두 바다로부터 왔기 때문이다. 우리 모두가 어미로부터 왔듯이 육상 생명의 기원은 바다다. 우리의 기원을 알려주는 비밀이 어떤 언어권의 문자에는 뚜렷이 남아 있다. 한자어 바다海에는 어미母가 들어 있고, 프랑스어 어머니Mère에는 바다Mer가 깃들어 있다. 우연일 리 없다. 필연이다. 바다는 어머니고 어머니는 곧 바다다. 바다처럼 모든 것을 받아주는 어머니, 어머니처럼 모든 것을 받아주는 바다.

우리는 어느 때인가부터 바다에 대한 막연한 공포에 사로잡혀 있지만, 실상 바다는 우리에게 너무도 많은 것을 주는 어머니다. 우리에게 끊임없이 먹이를 주는 자애로운 어머니다. 우리가 오만하지 않다면 바다는 우리를 징벌하지 않는다. 오늘도 죽도시장에는 온갖 해산물이 넘쳐난다. 이토록 풍요로운 먹거리는 어디서 왔을까? 바다로부터 왔다. 어머니 바다의 선물이다. 고래부터 멸치까지 바다에서 나는 수산물 중 죽도시장에 없는 것은 대한민국 어느 시장에도 없다. 경북 지방 제사 음식 중 가장 특별한 생선 요리인 돔배기도 영천과 함께 포항 죽도시장이 본향이다. 돔배기는 경상도의 보편적인 음식은 아니다. 대구, 포항, 영천, 경주 등의 경상북도 동남부 지방과 안동 등 북부 지방 일부, 부산, 울산 지역에서 주로 먹는다.

실상 도시 사람들에게 상어 요리는 흔한 음식이 아니다. '상어'라고 하면 가장 먼저 식인상어를 떠올리는 사람들에게 상어 요리는 상상하기 쉽지 않은 음식이다. 우리나라에서는 경북 지방의 상어 요리인 '돔배기(돔베기)'가 유명하지만 실상 전라도 해안이나 섬 지방에서도 상어를 즐겨 먹는다. 남해안 섬에 살았던 나는 상어 요리를 자주 먹고 자랐다. 죽상어(까치상어)는 회나 무침으로 많이 먹었고 말려서 포로도 먹었다. '부전'이라 부르던 상어알은 쪄서 간식으로 즐겼다. '전대미(개상어)'라는 아주 작은 상어는 회무침으로도 먹었지만 내장탕을 끓이면 별미 중의 별미였다. 어른 몸보다 큰 대형 상어도 잔치 음식으로 즐겨 사용했다.

동해라는 큰 바다에 인접한 포항 지역에는 대물 어류가 밥상에 유난히 많이 오른다. 고래부터 상어, 개복치도 모두 대물이다. 게다가 서남해와는 달리 문어 또한 대왕문어를 참문어로 쳐줄 정도로 대물이 대접받고 있다. 상어를 먹는 문화가 보편화된 것도 동해라는 큰 바다가 있었기 때문이다. 옛날부터 포항 어민들은 동해 먼바다로 나가 가오리를 미끼로 상어를 잡았는데, 8월 전후에 가장 많이 잡혔다.

포항에서 돔배기는 명절이나 제사 때 빠지지 않는 제수 음식이기도 하다. "젯상에 굵은 고기를 쓰는 건 자손들 크게 되게 해달라는 뜻이지. 소고기 올리듯이 돔배기도 올리는 거요." 죽도시장에서 만난 돔배기 상인 할머니의 말씀이다. 할머니는 같은 자리에 앉아 40년 동안 돔배기를 손질해 팔아왔다.

돔배기는 토막 내서 염장한 상어의 살코기다. 주로 꼬치에 꿰어 굽거나 쪄서 조리해 먹는다. 기름기가 거의 없어서 맛이 담백하고 비린내도 없다. 더 맛있게 먹는 방법도 있다. 소갈빗살에 양념하듯이 양념을 만들어 돔배기에 바른 뒤 굽거나 찐다. 명절이나 제사 때 돔배기 산적을 만들어 쓰고 남은 것은 소금 간을 더 강하게 해서 저렸다가 두고두고 반찬으로 먹기도 한다. 염장된 상어는 물에 담가 소금기를 뺀 뒤 쪄서 반찬으로 먹는다. 해안가 마을에서는 잔칫집에서도 상어고기를 썼다. 비싼 소는 잡을 수 없으니 큰 고기인 상어를 썼던 것이다.

돔배기용 상어는 워낙 큰 물고기라 특별한 경우가 아니면 마리째 살

"젯상에 굵은 고기를 쓰는 건 자손들 크게 되게 해달라는 뜻이지. 소고기 올리듯이 돔배기도 올리는 거요."

포항 죽도시장 두치

일이 없었다. 그래서 판매점에서도 작게 토막 내서 팔았다. '돔박돔박' 네모나게 토막 내서 파는 물고기라 해서 '돔배기'란 이름이 붙여진 것이다. 상어의 살은 돔배기뿐만 아니라 탕의 재료로도 쓰인다. 상어 중에서도 귀상어와 청상아리, 참상어, 악상어(준달이)만이 돔배기로 만들어진다. 청상아리는 고기가 부드럽고, 참상어는 감칠맛이 난다. 귀상어는 살의 색이 검붉고 어둡지만 청상아리는 살색이 밝고 붉은빛이다. 귀상어가 그중 가장 귀하게 대접받아 값도 비싸다. 청상아리는 '모노상어', 귀상어는 '양제기(양지)'라고도 부른다. 청상아리는 돌고래만큼이나 커서 살이 많으니 돔배기 재료로 적당하다.

돔배기는 숙성 정도에 따라 맛이 다르다. 계절에 따라 저리는 소금의 양도 다르고 숙성 기간도 다르다. 담백하고 밋밋한 돔배기의 맛을 좌우하는 것은 소금 간과 시간이 만들어내는 숙성의 맛이다. 옛날에는 상어를 토막 내고 간을 한 후 2~3개월 정도 숙성시킨 것을 '돔배기'라 했다. 굴비와 비슷한 기간 동안 숙성시켰던 것이다. 하지만 요즈음은 상어를 냉동으로 쓰는 까닭에 미리 염장하지 않고 손님이 구매하면 그때 염장해준다. 그래서 숙성 기간이 짧다. 겨울에는 3~4일, 여름에는 1~2일 정도 실온에서 숙성시킨 다음 물에 깨끗이 씻어서 하루 정도 말린다. 그렇게 꼬들꼬들해진 돔배기를 요리해 상에 올린다.

본래의 돔배기 맛에서 조금 변화한 셈이다. 음식 문화는 조건에 따라 변화하는 것이니 가공 방법이 조금 달라졌다 해서 변질됐다고 할 수는 없

진도 조도 상어회

진도 조도 상어생간

다. 명절이나 제사, 잔치 뒤에 남은 돔배기는 껍질과 함께 잘게 썰어 채소, 소고기 등을 첨가해 탕으로 끓여 먹기도 한다. 돔배기에는 콜라겐과 펩타이드 성분이 많아 성인병에 좋다고 한다. 단백질이 많고 지방이 적은 건강식품이기도 하다. 한의학에서는 상어를 '교어鮫魚'라 하는데 오장을 보하는 효능이 있다고 한다. 특히 간과 폐, 피부 질환이나 눈병에 효과가 있다.

북한 지역에서도 상어지느러미완자찜이나 철갑상어찜같이 상어를 이용한 다양한 요리가 발달했다. 제주도 사람들도 무채를 썰어 넣은 별상어(개상어, 두툽상어) 회나 무침을 즐긴다. 상어껍질을 벗겨 머리와 뼈를 발라낸 다음 소금을 약간 뿌려 꾸덕꾸덕하게 말렸다가 굽는 상어산적(상어적갈)도 제주 향토 음식이다. 경북 경산에서는 상어초무침도 즐긴다.

지질학적 기록에 의하면 상어는 데본기(3억 6,000만~4억 800만 년)에 탄생한 것으로 추정된다. 세계적으로 상어는 200~250여 종이 서식하고 있다. 청새리상어Prionace glauca나 백상어, 레몬상어 등과 같은 이름은 상어의 색에서 유래한 것이다. 상어는 더러 동족도 잡아먹는다. 상처를 입어 피가 나는 상어가 있을 때는 상어 떼가 공격하여 잡아먹는 무자비한 어류다.

돔배기가 주로 의례용 상어 요리라면 또 다른 상어 요리인 두치는 주당들이 사랑하는 최고의 안줏감이다. 두치는 돔배기를 만들고 난 부산물로 만드는데 이것이야말로 진짜다. 두치는 상어 지느러미와 껍질, 연골, 머리 등에 고명을 넣고 돼지고기 편육처럼 눌러서 만든다. 전남 목포 등지에서는 홍어 부산물을 편육처럼 눌러서 만들기도 하는데 두치와 형태가 비슷하다. 서해안에서 박대껍질로 만드는 벌버리묵도 같은 계통의 음식이라 할 수 있다. 포항에서는 '두치', 영천에서는 '두투머리'라 한다. 두치는 씹히는 식감이 최고다. 쫄깃한 식감에 약간 삭힌 맛이 더해져 아주 특별한 맛이 된다. 더러 끓여서 묵으로 만들기도 한다.

중국에서는 최고급 요리 재료로 손꼽히는 샥스핀과 비슷한 요리가 포항 죽도시장에서는 아주 저렴한 가격에 팔려나간다. 고급 요리를 쉽게 접하지만 사람들은 그 사실을 쉽게 깨닫지 못한다. 일본에서는 일부 내륙 지방에서만 상어를 먹어 대부분은 어묵 재료로 쓰인다.

샥스핀Shark's fin, 魚翅은 대형 상어의 꼬리와 등지느러미를 건조시킨 것인데 중국어로는 '위츠魚翅'라 한다. 샥스핀으로 끓인 위츠탕(상어 지느러미탕)은 제비집 요리와 함께 최고의 중국 요리로 꼽힌다. 명나라 때 탄생한 샥스핀 요리는 황실 요리가 발달했던 청나라 시대 이후 중국의 대표적인 고급 요리가 됐다. 황실이나 귀족만 먹었던 샥스핀이 현대에 와서 수요가 폭발적으로 늘자 상어 포획량이 급증했다. 하지만 상어 포획 과정에서 지느러미만 잘라내고 상품성이 없는 몸체는 버려 죽게 만들었고, 이러한 잔인성이 문제가 돼 점차 금기 음식이 되고 있다.

샥스핀을 먹지 말자는 것은 지느러미 몇 조각을 얻기 위해 상어가 고통스럽게 죽게 하는 반생명적 행태 때문이다. 상어의 살은 돔배기로 먹고 남은 부산물인 지느러미는 두치로 만들어 먹는 건 다르다. 식용 상어의 부산물로 만드는 것이니 탓할 일이 아니다. 두치는 멸종 위기 종이나 불법 포획이 아닌 식용 상어의 부산물로 만드는 까닭에 도덕적으로 비난받을 이유도 없는 향토 음식 문화다. 중국의 샥스핀을 대체할 만한 뛰어난 요리, 숨겨진 보물이 포항에 있다.

개복치

거대한 무의 맛

무미해서 더욱 특별한 맛, 포항에 올 때마다 맛보는 개복치. 죽도시장 상회 앞에 놓인 개복치는 두부를 잘라놓은 것 같다. 하얗고 네모난 두부는 고소하지만 개복치는 그야말로 무맛이다. 그런데도 한번 맛을 보면 자꾸 찾게 된다.

개복치는 몸길이 2~4미터, 몸무게는 최대 2톤까지 나가는 거대한 물고기다. 많은 알을 낳는 물고기이기도 하다. 한 번 산란 시에 무려 3억 개가량의 알을 낳는다. 성체가 된 개복치는 범고래, 백상아리 등을 제외하면 천적이 없다. 하지만 3억 개의 알 중에 성체가 되는 개체는 한두 마리에 불과하다. 개복치가 얼마나 귀한 물고기인지 알 수 있는 척도다. 개복치의 학명은 '몰라몰라Mola mola', 라틴어로 맷돌을 뜻한다. 한국에서는 '안

진복', '골복짱', '깨복짱'이라고도 하는데 복어목의 한 종이다. 개복치도 상어처럼 지느러미가 별미다. 중국에서는 등 쪽의 흰 창자를 '용창'이라 해서 귀하게 여긴다.

몇 년 전까지만 해도 하루 수십 마리씩 잡혀 죽도시장으로 들어왔던 대형 개복치가 요즈음에는 하루 한두 마리도 보기 어렵다. 수온 변화 등이 원인으로 짐작된다. 개복치는 흔한 생선이 아니라 일반인이 쉽게 접하기도 어렵고 맛을 본 사람도 극히 일부다. 하지만 포항 지역에서는 옛날부터 개복치 요리를 즐겨 먹었다. 그것이 여전히 이어져 죽도시장에는 개복치를 취급하는 상점이 여럿이다. 대부분은 삶아서 직접 먹을 수 있게 유통된다. 개복치 살은 콜라겐 덩어리다. 잘라도 붉은 피가 흐르지 않고 하얀 우윳빛이다. 네모나게 잘라놓으면 묵이나 두부처럼 보이기도 한다. 개복치는 몸집이 워낙 커서 고래를 해체하듯 긴 칼을 들고 자른다. 먼저 지느러미부터 잘라내고 배, 옆구리, 몸통, 머리 순서로 잘라나간다. 살은 부드러워 슬슬 쉽게 잘린다. 잘라낸 개복치 살은 껍질을 벗기고 이물질을 제거해서 깨끗이 손질한다.

적당한 크기로 잘라낸 개복치 살은 펄펄 끓는 가마솥에 넣어 삶는다. 삶은 개복치 살은 다른 조리 없이 작게 잘라 양념장이나 초장에 찍어 먹으면 된다. 맛은 야들야들, 탱글탱글 곤약보다 쫄깃하다. 살 자체로는 무향, 무맛이니 양념 맛이다. 무맛이란 맛이 없다는 뜻이 아니라 순수한 맛이란 뜻이다. 껍질은 삶아서 우뭇가사리처럼 만들어 먹거나 수육으로도 먹는다. 뱃살은 회무침으로, 머리뼈와 머릿살은 찜으로 요리해 먹기도 한다. 근육은 갈아서 어묵 재료로 쓰기도 한다. 포항 사람들은 상어 살인 돔배기처럼 개복치도 큰일 치를 때 사용했다. 내륙 사람들이 애경사 등 대사를 치를 때 큰 몸집의 소나 돼지를 잡았던 것처럼 바닷가에서는 상어나 개복치 같은 대형 생선을 사용했다. 진짜 부잣집에서는 고래를 썼다. 포항에서 큰일에 큰 물건을 쓰던 전통이 개복치를 먹는 풍습으로 남은 것이다. 우리는 언제까지 개복치를 먹을 수 있을까?

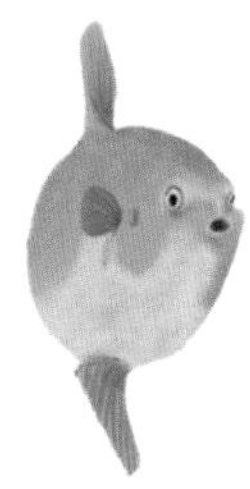

밥식해

미각의 제국에서 맛보는 특별한 식해

삭은 혀끝이 거머쥘 감칠맛 어디 있겠냐고/ 어머니, 할머니, 할머니의 그 할머니/ 구황하려 매운 손끝으로 버무려 온 물가재미식해/ 한 젓가락 듬뿍 퍼 올리고 싶다/ 흔하디흔한 물가재미 큼직큼직 채 썰어/ 무며 조밥, 마늘, 고춧가루에 비벼 간 맞춘 뒤/ 오지에 담아 아랫목에 두면 며칠 새/ 들큰새콤 퀴퀴하게 삭아 있던 밥 식해,/ 왜 오묘함은 가슴과 사귀는 좁쌀 별인지/ 밤새워 푸득거리는 눈발 한 채여도 안 서럽던!

- 김명인 <물가재미식해>

술을 마시지 않아도 취하게 하고, 앉아서도 여행을 떠나게 만드는 공간이 있다. 나에게는 통영의 동피랑이 그런 곳이었다. 10년 넘게 살고 있지만 동피랑은 날마다 설레고 날마다 여행을 떠나게 만든다. 그런데 이번 포항 여행에서 그런 공간을 또 하나 발견했다. 포항 여행자들은 바다를 보려면 구룡포나 호미곶을 찾지만 솔직히 나는 포항 시내 죽도시장 부근 동빈 내항 풍경이 더 매력적이다.

죽도시장이 가까이 있어 그렇기도 하지만 동빈 내항이 내려다보이는 숙소에서는 주야간 풍경 모두 말할 수 없이 아름답다. 인공과 자연의 조화로움이 더없이 편안하고 좋다. 어선이 들고 나는 밤의 항구는 여행자의 노스텔지어를 한껏 자극하고 조명이 들어온 포스코의 풍경은 어느 먼 나라에 와 있는 듯한 흥취를 자아낸다. 그야말로 여권 없는 해외여행이다.

등잔 밑이 어둡다고 포항 사람들은 동빈 내항의 그토록 아름다운 밤 풍경을 접하기 쉽지 않을 것이다. 그 풍경이 바라다보이는 숙소에서 묵을 일은 없을 테니 말이다. 멀리 가야 여행이 아니다. 문밖을 나서는 순간부터 여행은 시작된다. 집을 떠나면 다 여행이다. 포항 여행자들만이 아니다. 포항 사는 사람들도 동빈 내항이 바라다보이는 숙소로 가끔 여행을 떠나면 어떨까. 일명 우리 동네 해외여행. 내가 사는 동네가 얼마나 아름다운지 새삼 깨닫게 될 것이다.

포항에서 여러 날 머물다 온 지 얼마 되지 않았는데 벌써 동빈 내항과 죽도시장의 풍경이 사무치게 그립다. 아무래도 포항과 사랑에 빠진 듯하다. 언젠가 동빈 내항 부근에 방 하나 잡아놓고 한 열흘쯤 아무 일도 안 하면서 죽도시장으로 출근해 시장 음식을 안주로 주구장창 술만 마시다 와도 좋을 것 같다. 개복치며, 두치며, 꽃새우회며, 청어회며, 말똥성게며, 꽁치다대기며, 횟대기밥식해며…. 무엇보다 밥식해의 쿰쿰하고 아련한 맛이 입맛을 다시게 만든다.

죽도시장은 맛의 천국이다. 포스코가 포항의 척추라면 죽도시장은 포항의 심장이 아닐까. 죽도시장은 어시장, 농산물시장, 죽도시장 등 세 개의 시장이 동심원을 그리며 하나로 연결되어 있다. 1만 8,760제곱미터(약 5,700평)의 땅에 25개 구역, 2,500여 개 점포가 들어서 있는 동해안 최대의 전통시장이다. 어딜 가나 유혹하는 맛이 널려 있으니 죽도시장은 미각의 제국이다.

동해안 사람들의 소울푸드인 밥식해. 울진 태생의 김명인 시인에게도 식해는 영혼을 따뜻하게 배 불리는 음식이었다. 밥과 생선을 넣고 발효시켜 먹는 요리인 식해는 가장 토속적인 동해안 음식이다. 식해는 함경도 북청부터 강원도 속초, 경상북도 울진·포항·경주 감포까지 동해안 사람들이 두루 즐긴다. 밥을 넣고 발효시키는 것이 가장 큰 특징이라 '밥식해'라고도 부른다. 함경도나 강원도에서는 조밥을, 경상도에서는 쌀밥을 주로 넣어 발효시킨다. 포항 지역에서는 쌀밥을 넣어 만든다. 포항의 밥식해는 대체로 흰살생선인 가자미, 횟대, 오징어 등을 넣어 만들지만 전갱이나 꽁치 같은 등푸른생선으로 만들기도 한다. 백고동으로 만든 식해도 있다. 밥식해는 젓갈처럼 장기간 발효시켜 먹는 음식이 아니다. 그래서 '젓갈 해醢' 자를 쓰지만 실제로는 그리 짜지 않다.

간성현감을 지냈던 택당 이식(1584~1647)이 간행한 〈간성지〉에는 연어·황어·은구어(은어)·전복·홍합 식해도 등장한다. 요즈음은 바다에만 서식하는 어류를 주로 쓰지만 과거에는 강과 바다를 오가는 어류도 풍부해 식해의 재료가 됐던 것이다. 이 식해들은 왕실로 진상되어 올라가기도 했다. 〈간성지〉에 따르면 동해안에서 젓갈은 주로 생선 알로 담갔고 생선 살은 주로 식해를 담가 먹었다고 전한다. 식해 담그는 법은 동해안 어느 지역이나 비슷하다. 먼저 막 잡은 생선의 내장을 제거하고 물기를 쪽 뺀 뒤 잘게 썰어 소금으로 간을 하고 엿기름을 넣어 하루쯤 1차 발효시킨다. 여기에 쌀을 쪄서 고두밥을 만든 뒤 식힌다. 무는 채를 썰어서 소금에 절인다. 절인 무채의 물기를 짜낸 다음 고춧가루, 마늘 등의 양념을 만들어 가자미에 넣고 버무린다. 양념한 가자미와 고두밥을 섞는다. 그런 다음 따뜻한 방에서 2~3일 발효시키면 먹을 수 있다.

17세기 초 이 땅에 고추가 처음 들어오기 전까지는 고춧가루를 넣지 않은 밥식해를 만들었다. 제사 음식에 고춧가루를 쓰지 않는 이유는 귀신이 붉은색을 싫어하기 때문이라고들 한다. 하지만 실상 과거에는 어떤 음식에도 고춧가루가 들어가지 않았다. 고춧가루 등장 이전부터 제사가 모셔졌고 그 제사 음식에는 당연히 고춧가루가 들어가지 않았다. 그러니 제사 음식에 고춧가루를 쓰지 않는 것은 귀신 때문이라기보다 오랜 전통을 따른 것이라 보는 것이 합리적이다. 포항 지역 제사상에도 여전히 하얀 밥식해가 올라간다. 여름에 식해를 담글 때는 무를 넣지 않는다. 그래야 물이 생기지 않는다. 빨리 삭히려면 엿기름을 넣지만 천천히 삭혀 먹으려면 엿기름을 넣지 않는다.

포항의 원조 밥식해는 횟대기밥식해다. 횟대기의 학명은 대구횟대다. 포항에서는 '홋대기'라고도 부른다. 횟대기는 성대(달갱이)처럼 날개 같은 옆지느러미가 달려 있다. 횟대기는 대구횟대, 가시횟대, 빨간횟대(홍치) 등이 있는데 최고로 치는 것은 대구횟대다. 횟대기는 생선 살이 유난히 찰지고 쫄깃해 식감이 좋지만 요즈음은 값이 비싸 쉽게 접하기 어렵다. 그래서 죽도시장에서도 근래에는 가자미식해가 더 많이 만들어진다. 과거에는 애경사에도 빠지지 않는 음식이었다. 지금도 추석이나 설 명절에는 집집마다 밥식해를 만든다.

『한국민속종합조사보고서: 향토음식 편』(1984)에서는 가자미식해를 동해안 향토 음식으로 소개한다. "가자미식해는 얼큰하게 매우면서도 달착지근하고 산뜻한 맛이 일품인데, 12월부터 3월 초에 나는 가자미로 담가야 맛이 좋고, 꼬리 쪽에 가느다란 노란 줄이 있는 참가자미로 담그면 더욱 좋다"고 했다. 『오주연문장전산고』에는 가자미, 청어, 잉어, 밴댕이, 크고 작은 새우, 오징어, 문어, 꼴뚜기, 각종 조개와 굴, 홍합, 북어, 멸치 등 모든 생선으로 젓갈을 담글 수 있다고 소개하는데 '생선식해諸魚食醢' 항목의 가자미식해 만드는 법은 이렇다. "흰 멥쌀밥에 엿기름과 누룩가루를 넣어 잘 섞고 물도 몇 종지 넣어 발효시킨다. 그런 다음 가자미를 꺼내 물기를 제거하고 햇볕과 바람에 잘 말렸다가 잘게 썰어서 다시 소금과 버무려

두었다가 익은 다음에 먹는다." 지금과 크게 다르지 않은 조리법이다.

또 청어나 잉어를 이용해 식해 만드는 법도 등장한다. "청어 혹은 잉어를 세 손가락 너비로 잘라 깨끗이 씻는다. 생선 5근에 볶은 소금 4냥, 끓인 기름 4냥, 생강과 귤껍질 채 0.5냥, 고춧가루 1분, 술 1잔, 식초 반 잔, 파 채 2줌, 밥을 조금 섞어 함께 골고루 잘 섞은 후 도자기병에 단단히 눌러 넣는다. 다음은 대나무 잎으로 입구를 촘촘하게 덮고 대나무 꼬챙이를 꽂아 고정시킨다. 5~7일이면 숙성된다." 1680년경에 저술된 조리서 『요록』은 식해에 산초를 넣으면 맛이 좋다고 전한다. "물고기에 소금을 좀 짜게 쳐서 2~3일 밤 재운 후, 깨끗하게 씻은 다음 눌러서 짠 물을 뺀다. 현미 쌀로 죽을 쑤고 절인 생선에 섞어서 항아리에 담아놓고 삭힌 후에 죽을 씻어낸다. 다시 백미로 밥을 지어서 섞어 담가놓으면 색이 변하지 않고, 산초를 넣으면 맛이 좋다." 여기서는 향신료인 산초를 넣어 식해를 더욱 고급화했음을 알 수 있다.

서유구(1764~1845)의 『임원십육지』에도 식해 만드는 법이 등장한다. "큰 생선 1근을 토막으로 잘라서 물에 닿지 않게 깨끗한 천으로 닦아 물기를 말린다. 여름철에는 소금 1냥 반을 쓰고 겨울철에는 소금 1냥을 써서 절인다. 한동안 지나서 절인 생선에서 소금물이 흘러나오면 다시 물기를 닦아낸 다음 생강 채, 귤피 채, 시라, 홍국, 찐 밥과 파기름을 한데 넣고 골고루 섞어서 자기 항아리에 꼭꼭 눌러 담고 대나무 잎으로 덮고 대꼬챙이를 꽂아둔다. 항아리를 뒤집어 봤을 때 소금물이 모두 없어졌으면 생선이 숙성된 것이다. 또한 본래 생선을 절였던 소금물에 담그면 고기가 쫄깃하고 부드럽다."

요즘 식해는 동해안의 음식 문화다. 하지만 조선시대에는 식해 문화가 전국적으로 퍼져 있었고 해산물뿐만 아니라 돼지, 꿩 등 육류나 식물을 이용한 식해도 많았다. 『산가요록』은 지금까지 전해지는 이 땅의 가장 오래된 요리책인데 1459년 어의였던 전순의가 지었다. 『산가요록』에는 생선, 양, 돼지껍데기, 도라지, 죽순, 꿩, 원미(쌀을 굵게 갈아 쑨 죽) 등 식해 조리법이 일곱 가지나 소개되어 있다. 포항이 식해 문화를 더욱 널리 계승하려면 생선 식해에 한정하지 말고 육류와 식물을 이용한 식해까지도 개발해보는 것이 어떨까? 채식주의자들이 많아진 시대이니 포항의 농산물로 만든 식해 또한 더욱 널리 사랑받게 되지 않을까 싶다.

복어

목숨을 걸고도 먹었던 그 치명적인 맛

이 땅에도 소금산이 있다, 염산鹽山. 영광군 염산면은 소금의 고장이다. 낙월도로 가는 길목 염산에서 기막힌 복국집을 발견했다. 마른 복을 끓일 줄 아는 집은 일단 복국의 고수다. 미나리가 제철이 아니라 맛이 없어 여름에는 부추를 넣고 끓인다. 마른 복과 부추와 들깻가루의 조합이 환상적이다. 밑반찬도 정갈하기 그지없다. 30년 동안 복국만 끓인 집이니 오죽할까. 역시 여행의 반은 음식이다. 술꾼에게 최상의 안주인 동시에 해장국인 복국.

"복어는 천계天界의 옥찬玉饌이 아니면 마계魔界의 기미奇味다. 복어를 먹으면 신통하게도 체내의 불화不和가 사라지고 엄동설한의 추위도 잊어버리게 한다." 『미미구진美味求眞』이란 책에서 인용했다는 정문기의 『어류박물지』

복어 중에서도 맹독을 가진
복어일수록 맛이 일품이니
그 유혹 또한 강렬하다.

▲ 목포 마른 복국

인천 복어회 ▶

(1974)에 나오는 이야기다. 독이 있는 물고기는 대체로 맛이 뛰어나다. 독성이 강한 생선의 대표 주자는 복어지만 복어만큼이나 맹독을 가진 독어毒漁도 적지 않다. 쏨뱅이, 쏠배감펭, 가시달갱이, 쏠종개, 독가시치 등은 독가시를 가지고 있고 한없이 유순해 보이는 물메기도 입 덮개에 독이 있다.

한국, 중국, 일본 세 나라만이 아니라 동남아, 이집트 사람들도 복어를 좋아한다. 생명의 위협을 무릅쓰고 복어를 탐하는 이유는 그 맛이 워낙 뛰어나기 때문이다. 복어의 내장과 알(난소) 등에는 '테트로도톡신'이란 독이 있다. 복어의 학명인 '테트로'에 '독(톡신)'이 더해진 이름이다. 복어의 독은 산란기인 5~7월 사이에 가장 강하다. 가을, 겨울 동안은 독성이 약해진다. 한때 일본에서는 복어 독에 중독돼 죽은 사람이 한 해 200명이 넘은 적도 있었다. 30센티미터짜리 자지복 한 마리의 독은 33명을 죽일 수 있다. 복어는 청산가리 10배 이상의 독성이 있다.

그럼에도 사람들은 끊임없이 이 위험한 물고기를 탐식한다. 복어 중에서도 맹독을 가진 복어일수록 맛이 일품이니 그 유혹 또한 강렬하다. 미국 FDA도 복어를 캐비어, 푸아그라, 트러플(송로버섯)과 함께 세계 4대 진미 식품으로 선정했을 정도다. 중국 송나라 때 시인 소동파도 "복어의 신비한 맛은 생명과도 바꿀 만한 가치가 있다"고 찬양했다. "복어는 먹고 싶고 목숨은 아깝고"라는 일본의 식담이 전해지는 것도 그 때문이다.

조선시대 사람들도 복어에 대한 탐식이 지나칠 정도로 높았던 모양이다. 유중림은 저서 『증보산림경제』(1766)에서는 복어 독의 위험성을 잘

주문진 복어 이리회

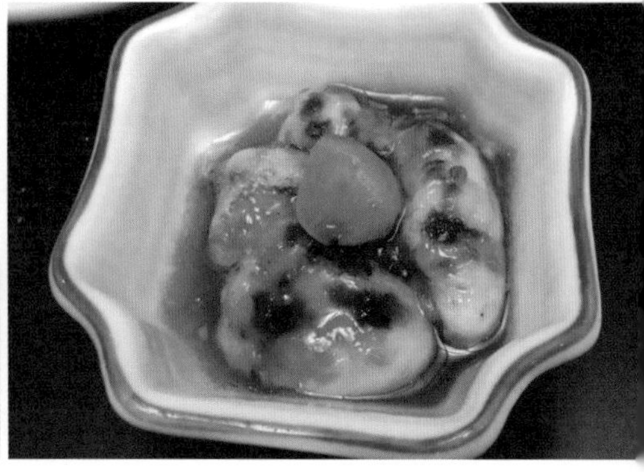

통영 복어 이리구이

알면서도 사람들이 탐식 때문에 죽는다고 개탄하고 있다.

> 피와 알에 무서운 독이 들어 있는데 잘못 먹으면 반드시 사람이 죽는다. 이를 알지 못하는 사람이 없지만 한때의 별미를 탐하여 종종 그 독에 빠지게 되니 참으로 개탄할 일이다.

복어라고 다 똑같은 독을 가지고 있지는 않다. 더러 밀복, 가시복, 거북복처럼 독이 없는 복어도 있다. 하지만 우리가 즐겨 먹는 황복, 졸복, 검복, 매리복 등은 가장 위험한 맹독성 복어다. 또 눈개불복, 까칠복, 까치복, 자지복 등도 강독이 있다. 복어의 독은 벚꽃이 필 때 가장 강하다. 그때 영양 상태가 제일 좋아 맛도 최상이다. 맹독의 복어라도 전문 요리사가 독을 제대로 제거하면 무탈하다. 대체로 복어 독이 화를 부르는 것은 더한

영광 염산 마른 복국

황복찜

자극을 즐기려는 욕심이나 객기 때문이다. 술꾼에게 복어는 무엇과도 바꿀 수 없는 유혹이다. 복국 한 그릇은 천상의 안주이고 술독을 푸는 명약이다.

복국뿐이랴 복어 요리는 모든 것이 극상의 맛이다. 복어 살만 발라서 녹두와 찹쌀을 넣고 끓인 목포 선창가의 복죽은 죽이 아니라 보약이었다. 인천 연안부두나 주문진 어시장에서 맛본 복어회는 또 어떤가! 복어 이리도 회로 먹으면 그 맛이 일품이다. 복어 이리는 복어 살과는 또 다른 매력이 있는 최고의 요리다. 치명적인 독을 품은 복어지만 근육과 이리에는 독이 없다.

복어 독은 주로 난소와 간장에 분포하고 신장, 혈액, 아가미, 눈알 등에도 있지만 정소와 근육에는 없다. 하지만 복어가 죽은 지 오래되면 내장의 독소가 녹아 근육에 침투한다. 그래서 싱싱하지 않은 복어는 무조건 피해야 한다. 복어뿐만 아니라 대구나 명태 등의 이리를 흔히 '곤이'라고 부르지만 잘못된 호칭이다. 진짜 복어의 곤이를 먹으면 큰일 난다. 복어 곤이는 가장 치명적인 독을 품고 있는 암컷의 생식소인 난소(알집)이기 때문이다. 이리는 수컷의 생식소인 정소다.

복어의 정소나 근육에는 독이 없어 안전하지만 복어의 혈액이나 간에 있는 독이 스며들 수도 있으니 자격증이 있는 요리사가 해주는 것만 먹어야 한다. 복어 정소로 만든 요리는 다양하고 별미다. 회로도 먹고, 정소 구이나 전골, 튀김으로도 먹는다, 차가운 정소 요리도 있다, 정소를 저온에서 말리듯 장시간 구운 뒤 차갑게 해서 소스와 함께 먹는다. 해산물도 치명적인 독을 지닌 것일수록 맛있다. 복어가 그렇고 쑤기미가 그렇고 가시에 독이 있는 성게알이 그렇다.